LUDWIG SCHNEIDER

BRENNPUNKT JERUSALEM

Was Sie schon immer über Jerusalem wissen wollten

Der Autor Ludwig Schneider, Jahrgang 1941, lebt als Journalist mit seiner Familie seit 1978 in Jerusalem. Er ist Herausgeber des nai – *israel-heute-Magazins* sowie des *Israel-Jahrbuchs* und der Verfasser der *Bücher Lama lo, 100 Fragen an Israel* und *Schlüssel zur Thora*.

3. Auflage 2005
hänssler-Taschenbuch
Bestell-Nr. 393.933
ISBN 3-7751-3933-8

© Copyright 2003 by Hänssler Verlag,
D-71087 Holzgerlingen
Internet: www.haenssler.de
E-Mail: info@haenssler.de
Buchcovergestaltung: Michael Schneider, Jerusalem
Fotos: Natanel Doron, Jerusalem
Druck und Bindung: Ebner & Spiegel, Ulm
Printed in Germany

Die Bibelzitate wurden der Heiligen Schrift, übersetzt von Hermann Menge, © Copyright 1994 Deutsche Bibelgesellschaft, Stuttgart, entnommen.

INHALT

Zionstor:
Jerusalems Anfang und Erwählung — 7

Misttor:
Jerusalem – die Sehnsucht der Juden — 19

Neues Tor:
Jerusalem – die Wiege der Christenheit — 32

Damaskustor:
Jerusalem und die Palästinenser — 45

Herodestor:
Jerusalem unterm Halbmond — 58

Löwentor:
Jerusalem – wieder in Israels Händen — 71

Jaffator:
Jerusalem – Stadt der Pilger — 84

Goldenes Tor:
Jerusalem – Stadt des Messias — 97

Israel zwischen Legende und Tatsache — 110

Jerusalem zwischen Legende und Tatsache — 123

Aktuelles zwischen Legende und Tatsache — 136

Der Heilige Krieg um Jerusalem — 149

Es gibt sicher Leser,
denen die in diesem Buch
zitierten Bibelworte kein Argumentationsmittel sind.
Sie sollten dann wenigstens die hierin aufgeführten
historischen und politischen Fakten beachten
und, weil sie nachprüfbar sind,
als Beweismittel akzeptieren.

Die Frage »Wem gehört Jerusalem?«
kann nur im Kontext aller in diesem Buch
behandelten Themen beantwortet werden.

ZIONSTOR:
JERUSALEMS ANFANG UND ERWÄHLUNG

Wer zum ersten Mal das Zionstor (hebr. *Scha'ar Zion*) sieht, ist erschrocken über seine unzähligen Einschussnarben, die immer noch zu bluten scheinen, obwohl sie aus vielen Kriegen stammen, die meisten davon jedoch aus der Zeit von 1948 bis 1967. Das Zionstor wurde, wie die gesamte Stadtmauer, zwischen 1537 und 1546 n. Chr. von Sultan Suleiman erbaut. Er ließ Jerusalems Stadtmauer auf dem Grundriss der herodianischen Mauer errichten. Nur im Süden verkürzte er die Stadt. Daher liegt der Abendmahlssaal, der zur Zeit Jesu innerhalb der Stadt lag, heute außerhalb der Stadtmauer. Unter dem Abendmahlssaal liegt das vermeintliche »Davidsgrab«, daher nennen die Araber das Zionstor *Bab en-Nebi Daud,* »Tor des Propheten David«. Viele fragen sich ferner, wie es kommt, dass der Zionsberg nicht auf dem Tempelberg liegt. Ursprünglich hieß die von David eroberte Jebusiterfestung, in der er als König residierte, »Zion«. Nachdem König Salomon den Tempel errichtet hatte, wanderte der Begriff »Zion« von dem Ort der irdischen Hoheit zum Sitz der geistlichen Hoheit, zum *Morija*-Tempelberg, hinauf. Nach der Zerstörung des Tempels (70 n. Chr.) verlagerte er sich zum heutigen Zionsberg, denn dort lebten die Urchristen, die sich als »Steine des lebendigen Tempels« betrachteten. Deshalb wurde die Synagoge unter dem Abendmahlssaal als erste judenchristliche Synagoge aus den Steinen des zerstörten Tempels erbaut. Auf dem Zionsberg fand man auch das Zeichen der Jerusalemer Urchristen, auf dem sich der jüdische Tempelleuchter und der Ichthys-Fisch, das Erkennungszeichen der hellenistischen Christen, zum *Davidstern* vereinen.

In der Bibel wird nicht nur der Tempelberg als Zion bezeichnet, sondern auch die Stadt Jerusalem:
2. Mose 15, 17:
»... du pflanztest sie ein auf den Berg deines Eigentums (Zion), an die Stätte, die du zur Wohnung dir bereitet.«
Psalm 76, 2–3:
»... altbekannt ist Gott in Juda, in Israel groß seine Name, in Jerusalem erstand sein Zelt, seine Wohnstätte in Zion.«
Psalm 78, 67–68:
»... Gott erwählte nicht den Stamm Ephraim, sondern den Stamm Juda, den Berg Zion, den er lieb gewonnen.«
Jesaja 2, 4:
»... von Zion wird Belehrung ausgehen und das Wort des HErrn von Jerusalem.«
Offenbarung 14, 1:
»... ich sah das Lamm Gottes stehen auf dem Berge Zion.«

Immer wieder taucht die Frage auf:
Wie kommt es zu der Bezeichnung: »auserwähltes Volk« (hebr. *am segula*)? Hat Gott wirklich das jüdische Volk und das Land Israel (*eretz israel*) sowie Zion bzw. die Stadt Jerusalem (*zijon – jeruschalajim*) erwählt?

Unmissverständlich heißt es in 5. Mose 7, 6–8:

»Dich hat der HErr, dein Gott, aus allen Völkern, die auf dem Erdboden sind, zu seinem Eigentumsvolk erwählt. Nicht, weil ihr zahlreicher wäret als alle anderen Völker, hat der HErr sich euch zugewandt und euch erwählt – ihr seid ja das kleinste unter allen Völkern –, nein, weil der HErr Liebe zu euch hegte und weil er den Eid halten wollte, den er euren Vätern geschworen hatte.«

Es gehört also zur göttlichen Souveränität, auszuwählen, wen er will. Das Auserwählen bedeutet zugleich ein Ausscheiden des Erwählten aus der großen Masse.

Zuerst hatte Gott für des Menschen Wohlergehen das Paradies geschaffen. Der Mensch aber sündigte und wurde daraufhin aus dem Paradies vertrieben. Danach gab Gott mit Seth (dt. Ersatzmann) dem Menschen eine neue Chance. Die Menschen versagten abermals und so raffte die Sintflut die Menschen – bis auf Noah und seine Familie – dahin. Danach gab Gott dem Menschen eine dritte Chance. In souveräner Gnadenwahl berief er Abraham und forderte ihn auf: »Gehe aus deinem Vaterland, von deiner Freundschaft und aus deines Vaters Hause in ein Land, das ich dir zeigen werde. Ich will dich zu einem großen Volk machen, will dich segnen und dir einen großen Namen machen, und du sollst ein Segen sein. Ich will segnen, die dich segnen, und wer dich verflucht, den will ich verfluchen; in dir sollen alle Geschlechter der Erde gesegnet sein« (1. Mose 12, 1–3).

Hier müssen drei Dinge festgehalten werden:

1. *Gott erwählte Abraham.* Aus unerklärlichen Gründen erwählte Gott Abraham. Er ist Gottes erste Liebe – und das, obwohl Abraham nicht unfehlbar war. Dies gehört

zur unerforschlichen Weisheit Gottes, die von uns Menschen nicht angezweifelt werden kann. Und wer es dennoch tut, opponiert gegen Gottes Willen. Zur Erwählung Abrahams gehört auch das Land Israel und Volk Israel.

2. *Gott erwählte das Land, in das er Abraham führte.* Gott selbst führte Abraham nach Kanaan, in ein Land, das Gott später in *Israel* umbenannte. Es war also nicht Abrahams Wahl, Abraham hatte dieses Land zuvor ja nicht gekannt. Die Frage »Warum ausgerechnet nach Kanaan/ *Israel* und nicht in ein anderes Land?« greift wiederum Gottes Souveränität an, denn schließlich geschieht Sein Wille im Himmel und auf Erden.

3. *Gott erwählte Isaak als Erben der Verheißung.* Obwohl Ismael der Erstgeborene Abrahams war, wurde Isaak als Stammvater des jüdischen Volkes der Verheißungsträger: »Ich (Gott) will Ismael segnen und fruchtbar werden lassen und ihm eine überaus große Nachkommenschaft verleihen. Jedoch meinen Bund will ich mit Isaak aufrichten« (1. Mose 17, 20 – 21).

Gottes Gedanken sind eben höher als unsere.

Der Apostel Paulus greift diesen Gedanken in seinem Brief an die Römer auf: »Gott erbarmt sich, wessen er will, und verstockt, wen er will« (9, 18). So fiel Gottes Wahl auf Isaak und nicht auf Ismael; auf Jakob, den Gott in Israel umbenannte, und nicht auf Esau.
Gottes Auserwählung ist unwiderruflich, das lesen wir in

Richter 2, 1:
»Ich habe euch in das Land gebracht, das ich euren Vätern zugeschworen hatte mit der Verheißung: Ich werde meinen Bund in Ewigkeit nicht brechen!«

Jesaja 43,1–4:
»Israel: Fürchte dich nicht, denn ich habe dich erlöst! ... Weil du so kostbar bist in meinen Augen, ich dich lieb gewonnen habe, gebe ich Völker für dein Leben.«

Jeremia 31,35–37:
»So hat der HErr gesprochen, der die Sonne zur Leuchte am Tage bestellt hat, die fest geordnete Laufbahn des Mondes und die Sterne zur Erleuchtung bei Nacht, der das Meer aufwühlt, so dass seine Wogen brausen – HErr der Heerscharen ist sein Name: Wenn diese festen Ordnungen jemals zu bestehen aufhören – so lautet der Ausspruch des HErrn – dann erst soll auch die Nachkommenschaft Israels aufhören, ein Volk vor meinen Augen zu sein für alle Zeiten! So hat der HErr gesprochen: So wenig der Himmel droben ausgemessen und die Grundfesten der Erde erforscht werden können, so wenig will ich auch die gesamte Nachkommenschaft Israels verwerfen wegen alles dessen, was sie begangen haben – lautet der Ausspruch des HErrn.«

Römer 11,28–29:
»So sind sie im Hinblick auf ihr Verhalten gegenüber des Evangeliums zwar Feinde um euretwillen, aber im Hinblick auf die Erwählung sind sie Geliebte Gottes um der Väter willen; denn unwiderruflich sind die Gnadenverheißungen und Berufungen Gottes.«

Ungeachtet dieser Zusagen Gottes wurden die Juden im Jahre 70 n. Chr. unter alle Völker zerstreut. Wohin sie auch zerstreut waren, beteten sie täglich dreimal in Richtung Jerusalem gewandt um ihre Rückkehr nach Zion. Das war schon in ihrem babylonischen Exil so.

Daniel hielt sein Fenster nach Jerusalem offen und betete dreimal täglich in Richtung Jerusalem gewandt (Daniel 6, 10). Das sagt auch der Psalm 137, 1 u. 5: »Da saßen wir und weinten, wenn wir an Zion gedachten. Vergesse ich Jerusalem, so verdorre(n) meine Rechte.«

Der eigentliche Sinn dieser Aussage (*eschkahech jeruschalajim tiskach jemini*) ist nicht, dass die rechte Hand physisch verdorrt, sondern, dass ein Jude, der keine Sehnsucht mehr nach Jerusalem hat, seine Anrechte an den zukünftigen Verheißungen verliert. Seine Rechte daran sind abgestorben (verdorrt). Es gab drei Assimilationsgefahren: Erstens, dass Juden aus Karriere- und Sicherheitsgründen ihr Judentum ablegten. Zweitens, dass sie durch Missionierung nichts mehr mit dem Judentum zu tun haben wollten, und drittens, dass die Kinder aus Mischehen dem Judentum entfremdet wurden.

Es ist ein Phänomen, dass das jüdische Volk bis zum heutigen Tag als jüdisches Volk existiert. Trotz Pharao und Amalek, Römer und Inquisition, Ghettos und KZs, Existenzkriegen und arabischem Terror: Das Volk Israel lebt – *am israel chai!*, denn Gott verhieß, dass die Juden als Juden (!) aus der Zerstreuung nach Zion zurückkehren werden. Daher gelang es weder der Assimilation noch der Mission, die Juden als Volk vom Judentum abzubringen. Nach außen hin sieht es so aus, als hielten die Juden an ihren Gebräuchen fest; in Wahrheit aber hielt Gott sie mittels ihrer biblischen Gebräuche am Judentum fest.

Die täglichen Gebete in Richtung Zion, die Pflege der nach Jerusalem weisenden Wallfahrtsfeste rief in den

Diasporajuden immer neu die Sehnsucht nach Zion wach. So wurde aus diesem religiösen Zionismus, den das jüdische Volk 1800 Jahre lang pflegte, beim ersten Zionistenkongress 1897 in Basel der politische Zionismus, der die Heimkehr der Juden aus der Zerstreuung einleitete. Nicht nur Juden wie der Wiener Journalist Dr. Theodor Herzl und der Kölner Philanthrop Max Bodenheimer, sondern auch entschiedene Christen wie der britische Reverend William Hechler und der Gründer des Roten Kreuzes, der Schweizer Henry Dunant, stellten sich aus biblischer Überzeugung an die Seite der Zionisten, damit das jüdische Volk wieder in ihrem von Gott erwählten Heimatland eine nationale Heimstätte bekommt. Juden und Christen hatten damals Gottes Stunde erkannt.

Doch nicht nur die Juden kehren nach Zion zurück, auch Gott kehrt nach Zion zurück, denn es heißt in Sacharja 1, 14–17; 8, 3: »So hat der HErr der Heerscharen gesprochen: Ich bin mit großem Liebeseifer für Jerusalem und für Zion erfüllt und hege heftigen Zorn gegen die Heidenvölker, die, während ich über Israel ein wenig erzürnt war, ihrerseits zusätzliches Unheil hinzugefügt haben. Darum spricht der HErr: Ich habe mich Jerusalem voll Erbarmens wieder zugewandt: Mein Tempelhaus soll in ihm wieder aufgebaut und die Messschnur soll über Jerusalem ausgespannt werden. Aufs Neue sollen meine Städte von Gutem überfließen und der HErr wird Zion aufs Neue trösten und Jerusalem wiederum erwählen ... denn so hat der HErr gesprochen: Ich kehre nach Zion zurück und will wieder inmitten Jerusalems Wohnung nehmen, und Jerusalem soll ›die treue Stadt‹

heißen und der Berg des HErrn der Heerscharen der ›heilige Berg‹.«

Das besingt bereits der Psalmist (87, 1–3):

»Lieb hat der HErr die Tore Zions. Mehr als alle anderen Wohnstätten Jakobs, Herrliches ist von dir zu berichten, du Gottesstadt Jerusalem!«

Wenn Zion nun so von Gott geliebt ist, wie kommt es dann, dass Jerusalem im Laufe seiner Geschichte so oft zerstört wurde? Das Zionstor mit seinen Einschussnarben und Jerusalems blutgetränkte Erde und das immer und immer wieder verfolgte jüdische Volk schreien zum Himmel. Die Antwort lautet: Weil Zion als Gottes Eigentum für Gott so wertvoll ist, begehrt es Gottes Feind mehr als alles andere in der Welt. Jedes Mal, wenn ich durch das Zionstor gehe, ziehen diese Kriegsszenen an mir vorüber, als hätte ich die über 3000-jährige Geschichte dieser Stadt miterlebt und durchlitten. Wenn ich das harte Gestein des Tores berühre, verschmelze ich in meinem Inneren mit dieser auserwählten Stadt. In mir erklingen Klagelieder und Jubelmelodien, so, als würde ich zusammen mit Psalmisten und Königen, Propheten und Aposteln durch dieses Tor ziehen.

Jerusalem ist die umkämpfteste Stadt der Welt. Dass ihr Name von »Salem/Schalom – Frieden« abstammt, wird erst in Zukunft sichtbar werden. Um Jerusalem kämpften Kanaaniter und Philister, Pharaonen und Babylonier, Griechen und Römer, Byzantiner und Perser, Mamelucken und Kreuzritter, Türken und Briten – und heute die Araber. Im Laufe der Geschichte wurde Jerusalem 69-mal bekriegt. Der 70. Krieg steht daher noch aus, den hat Gott durch den Propheten Sacharja im 12. Kapitel vorausgesagt. Dann werden alle Völker der Erde, für die Jerusalem zum Taumelbecher und zum Laststein geworden ist, vereint gegen Jerusalem ziehen.

Zur Zeit König Hiskias belagerte Sanherib Jerusalem, so lange, bis sein assyrisches Heer durch die Pest dahingerafft wurde. Danach kam Nebukadnezar, schleifte Stadt und Tempel und verschleppte ihre Bürger nach Babylon, bis er daran irre wurde und Gras fraß. Alexander der Große eroberte Jerusalem, um kurz danach einen frühen Tod zu sterben, und seine Nachfolger, die syrischen Seleukiden, wurden von einer kleinen Schar mutiger Makkabäer verjagt. Dann zerstörten die Römer Stadt und Tempel und zerstreuten die Juden unter alle Völker. Doch alle Kriege um Jerusalem vermochten nicht, das jüdische Volk auszulöschen und ihnen die Sehnsucht nach Zion zu rauben. Das Zionstor ist ein Symbol dafür: So, wie die Juden durch das Zionstor ins Exil zogen, kehren sie nun wieder nach Zion zurück. Juden aus über 140 Nationen wanderten seit 1948 bereits in Israel ein.

Das erinnert mich an den 5. Juni 1967: An diesem Tag versammelten sich wie immer montags Christen zum Gebet in dem Haus der Familie Rose, das auf israelischer Seite außerhalb der südlichen Altstadtmauer liegt. Ein schmaler Weg führte durch das verminte Niemandsland zum Rose-Haus. Auf den Mauern des Zionstores standen jordanische Soldaten und auf der deutsch-katholischen Dormitio-Abtei die Israelis, die sich oft heftige Schießereien lieferten – nicht weit davon das Rose-Haus.

Das Ehepaar Albert und Pauline Rose stammte aus Südafrika, sie waren gläubige Christen, deren Herz für Israel schlug und die seit 1959 auf dem Zionsberg wohnten.

Während sie im Gebet waren, begann eine heftige Schießerei. Sie konnten das Gebäude nicht mehr verlassen. Der Sechstagekrieg war ausgebrochen. So blieb ihnen nichts anderes übrig, als weiter zu beten. Von der jordanischen Seite dröhnten die Lautsprecher: »Tötet jeden Juden, dem ihr begegnet, tötet sie mit euren Gewehren, euren Händen, euren Füßen, euren Zähnen – nur tötet sie!« So beteten sie nicht nur für Israels Sieg, sondern auch für ein schnelles Ende des Krieges. 36 Stunden später zogen Israels Truppen in Jerusalem ein. Zion, Jerusalems Altstadt, der Tempelberg und die Klagemauer, war wieder frei. Der Jubel war groß. Israels Oberrabbiner der Armee Shlomo Goren blies vor der Westmauer ins Schofarhorn und proklamierte den Sieg Gottes und Israels.

Da fiel den israelischen Soldaten ein, dass sie in der Hektik des Gefechtes keine Israelfahne bei sich hatten, die groß genug war, um sie als Siegeszeichen über Jerusalem hissen zu können. Ein Soldat erinnerte sich an das Rose-Haus, wo sie immer gut und gerne bewirtet wurden. Er wusste auch, dass dort für Israel gebetet wurde. Die werden sicher eine Israelfahne haben. Er lief zum Rose-Haus und bat um eine große Israelfahne. Pauline, die früher Modedesignerin war, nahm ein weißes Bettlaken und malte mit blauer Farbe einen Davidstern darauf. So entstand die erste Israelfahne, die nach fast 2000-jährigem Exil über Jerusalem gehisst wurde, im Hause für Israel betender Christen. Sie wurde damit zum Symbol dafür, dass Juden und Christen zusammengehören, denn so, wie sie eine Leidensgemeinschaft sind, sind sie auch eine Siegesgemeinschaft, weil sie in den Augen Gottes eine Heilsgemeinschaft sind.

Sooft ich durch das Zionstor gehe, berühre ich dankbar die schmiedeeiserne Mezusa-Kapsel mit dem Text aus 5. Mose 6, 4–9; 11, 13–21 und 4. Mose 15, 37–41:
*Schema Israel – Höre Israel,
der HErr, unser Gott, der HErr ist Einer/einzig!*

Zur Zeit Jesu war Jerusalem in vier Stadtteile unterteilt: in einen sadduzäischen, in einen pharisäischen, in einen essenischen und in einen römischen. Die Sadduzäer glaubten nicht an ein ewiges Leben, für sie war nur der irdische Tempel da, die Pharisäer waren strenge Gesetzeshüter, glaubten aber an eine zukünftige Welt, und die Römer waren Heiden. Der heutige Zionsberg, der damals innerhalb der Stadtmauer lag, war das Wohnviertel der Essener. Daher hieß das Tor, das in den 80ern des letzten Jh.s von dem Benediktinerpater Bargil Pixner südwestlich vom Zionstor ausgegraben wurde, zur Zeit Jesu laut Flavius Josephus *Essenertor*. Durch dieses Tor sind die Weisen aus dem Morgenland nach Bethlehem gezogen, nachdem sie in Jerusalem erfahren hatten, dass der neugeborene König der Juden in Bethlehem geboren wurde. Dieses Tor findet man als Ausgrabungsstätte auf dem Gelände des *American Institute for Holyland Studies.*

Es gab zur Zeit Jesu zwei Gruppen der Essener. Die einen wollten in Qumran am Toten Meer ein neues Jerusalem anstelle des *verderbten* Jerusalem errichten und die anderen blieben in Jerusalem, um durch ihre »innere und äußere Reinheit« die Bevölkerung Jerusalems auf den heiligen Weg zu bekommen. Mitten im Zentrum ihres essenischen Ghettos lag der Wohnbereich der Zölibatäre. Daher gab Jesus seinen Jüngern den Auftrag, einem

Wasser tragenden Mann zu folgen (Markus 14, 13), um bei ihm das Passahmahl herzurichten. Wassertragen war damals reine Frauenarbeit, also gehörte dieser Mann zum zölibatären Wohnviertel, in das keine Frau hinein durfte. So setzte Jesus auf dem Zionsberg das Abendmahl ein. Ebenso meint man, dass viele der dreitausend Juden, die sich laut Apostelgeschichte 2, 41 an einem Tag bekehrten, Essener aus Jerusalem waren.

Am Zionstor sieht man eine hebräische Gedenktafel, die an den 19. Mai 1948 erinnert, als jüdische *Palmach*-Kämpfer in die von Jordaniern besetzte Altstadt eindrangen, um die Juden aus dem jüdischen Wohnviertel zu befreien, was ihnen auch gelang. Später mussten sie sich jedoch wieder aus der Altstadt zurückziehen und mit ansehen, wie die Jordanier die Häuser und Synagogen des jüdischen Wohnviertels bis auf die Grundmauern zerstörten, Salz auf die Ruinen streuten, auf dass sie nie wieder zu neuem Leben erwachen, und wie die Jordanier aus den Ruinen der Synagogen öffentliche Toiletten machten.

Manchmal könnte man verzweifeln, wenn man sieht, welch eine Macht der Feind hat. Doch vergessen wir nicht, er ist mächtig, Gott aber ist allmächtig. Wer heute durch das Zionstor zum jüdischen Viertel der Altstadt geht, staunt, wie prächtig dieses Viertel wieder aufgebaut wurde. Es wurde zum Schmuckstück der gesamten Altstadt. In seinen sauberen Gassen sieht man kinderreiche jüdische Familien, auf seinen Plätzen hört man predigende Juden, die darauf hinweisen, dass der Messias bald kommt, und junge Zionisten in weißen Hemden, blauweiße Israelfahnen schwingend, singen wieder mit Freuden Zionslieder. Die fast 2000 Jahre lang verstummt gewesenen Harfen rühmen in Zion neu den Gott Israels.

MISTTOR:
JERUSALEM – DIE SEHNSUCHT DER JUDEN

Das Misttor (hebr. *Schaar ha-Aschpot*) ist ein kleines Tor. Nur mit Mühe passt ein Autobus hindurch, der Beter zur Westmauer (Klagemauer) bringt. Zur Zeit Jesu lag dieses Tor direkt am Abhang zum Höllental (hebr. *Gehenna*). Es wurde zusammen mit der Südmauer von Sultan Suleiman vom Abhang weg nach Norden versetzt. In biblischer Zeit kippte man durch dieses Tor den Abfall in die steil abfallende Schlucht, daher der Name »Misttor«. Weil in der Schlucht Tag und Nacht der Abfall brannte, bekam sie den Namen Höllental. Hier hausten in einer Vielzahl von Höhlen, die heute noch existieren, die Aussätzigen, die sich von den Abfällen ernährten. Die Araber nennen dieses Tor *Bab el-Magharibe* – Maurentor.

Als ich zum ersten Mal durch das Misttor ging, um zur Klagemauer zu kommen – das war 1964 noch zu jordanischer Zeit –, war das Tor nur ein schmaler Durchgang, der eigentlich gar nicht die Bezeichnung Tor verdiente. Danach erweiterten die Jordanier das Tor und brachten im Scheitel einen hässlichen Eisenträger an, damit Autos hindurchfahren konnten. Erst in den 80er-Jahren des letzten Jh.s ließ der damalige Bürgermeister Teddy Kollek das Misttor in seiner heutigen Gestalt und Schönheit wieder herrichten.

Wer durch das Jaffator Jerusalem betritt, will vielfach nur zum Basar, ihn lockt der orientalische Flair. Und wer durch das Löwentor über die Via Dolorosa in die Altstadt geht, interessiert sich vorwiegend für die christlichen Stätten. Wer dagegen Jerusalem durch das Misttor betritt, bringt eine gewisse Portion Sehnsucht nach Gott und Zion mit, verbunden mit dem Gefühl, endlich am Ziel zu sein, denn nichts verbindet den Besucher von heute derart mit dem biblischen Gestern wie die Westmauer. Selbst Juden, die sonst nichts von Gott und der Bibel halten, bekommen angesichts der Westmauer Tränen.

Die Westmauer (hebr. *HaKotel Maravi*) war zu biblischer Zeit die äußere Begrenzungsmauer des Tempelplatzes, also nicht des Tempelgebäudes. Der korrekte Name ist »Westmauer«, doch die Tränen von Generationen, die vor dieser Mauer geweint wurden, haben daraus den Begriff »Klagemauer« gemacht. Ein Dichter schrieb über sie: »Es gibt Menschen mit Herzen aus Stein, und es gibt Steine mit Herzen.« Einerseits symbolisiert die Westmauer das Drama der jüdischen Geschichte und andererseits gibt es kein zentraleres Symbol der Hoffnung als diese Mauer, denn so, wie diese Mauer alle Zeiten überdauerte, überlebte auch das jüdische Volk alle Stürme der Zeit.

Als die Römer im Jahre 70 n. Chr. den Tempel zerstörten und die Stadtmauer einrissen, beauftragte der römische Feldherr Titus seine vier Generäle, auch den Tempelplatz dem Erdboden gleichzumachen und damit auch die Begrenzungsmauern des Tempelplatzes niederzureißen. Doch Flavius Silvia, der damit beauftragt wurde, die Westmauer zu schleifen, überzeugte Titus, die bis zu 43 Meter hohe Mauer stehen zu lassen, weil sonst die Nachwelt nicht erfahren würde, was für eine gewaltige Stadt die Römer erobert hätten, denn die Grundsteine der Westmauer haben ein Gewicht von bis zu 400 Tonnen, was selbst für heutige Transportmittel eine fast unlösbare Aufgabe darstellt. Nur auf 80 einzeln hydraulisch gesteuerten Achsen wäre der Transport eines solchen Gewichts an einem Stück möglich. Man konnte die Westmauer zwar bauen, aber nicht abtragen.

Im *Born Judas* wird berichtet: Als der Tempelplatz errichtet wurde, wurden die einzelnen Bauabschnitte auf die Sippen aufgeteilt. Die reichen Familien beauftragten für den Bau ihres Abschnittes Fremdarbeiter, denn sie hatten Geld, diese dafür zu bezahlen. Die Westmauer dagegen fiel den armen Familien zu. Und weil sie kein Geld hatten, um andere für sich arbeiten zu lassen, legten sie selbst Hand an und errichteten im Schweiße ihres Angesichts diese Mauer. Sie taten diese Schwerstarbeit für den HErrn, ihren Gott. Als sie fertig war, soll ihnen ein Engel erschienen sein, der ihnen sagte, dass, weil sie von ganzem Herzen, mit ganzer Seele und mit all ihren Kräften für den Allmächtigen diese Mauer errichtet haben, sie alle Zeiten überdauern wird – daher steht sie bis auf den heutigen Tag und sie ist ein Zeichen dafür, was Liebe vermag. Deshalb wich zu keiner Zeit die *Schechina*, die Gegenwart Gottes, von diesem Ort.

Wer die Steinquader betrachtet, gerät ins Staunen, obwohl man heute nur die »kleinen« Steinquader sieht. Die Steine, die unter dem Niveau des derzeitigen Platzes liegen, haben dagegen Ausmaße bis zwölf Meter Länge, drei Meter Höhe und vier Meter Breite, d. h., sie haben, wie gesagt, ein Gewicht von 400 Tonnen und stammen zum größten Teil aus dem 600 Meter entfernten »Steinbruch Salomos«, der auch als »Höhle Zedekias« bekannt ist, in dem man noch unvollendete Quader und einen in den Mutterfels gehauenen Engel (*Cherub*) sieht. Weil die Labyrinthgänge dieser Grotte bis nach Jericho reichen, floh König Zedekia hierher, um sich vor seinem Verfolger Nebukadnezar zu retten. Er wurde jedoch auf der Flucht erwischt und geblendet nach Babel geführt.

Der so genannte Jerusalemstein ist in seiner Zusammensetzung einmalig in der Welt. Der Quarzkalkstein ist in etwa mit dem Dolomit zu vergleichen, hat jedoch eine weißgelbe, manchmal auch blutig rötliche Färbung und eine größere Härte als andere Kalksteine sowie ein höheres spezifisches Gewicht (2,95–3,05 g/cm^3). Durch seine kristallinen Einschlüsse reflektiert er das Licht leuchtend zurück, wodurch sein herrlicher Glanz entsteht. Je nach Einwirkung des Lichtes verändert der Jerusalemstein seine Färbung und Ausstrahlung. Darum wurde Jerusalem durch alle Zeiten hindurch von Juden und Christen als die »Stadt von Gold« besungen, denn zu bestimmten Tageszeiten strahlen ihre Mauern wie Gold.

Jeruschalajim schell Sahaw
We-schell Nechoschet we-schell Or;
Halo lechol Schiraich ani Kinor.

Jerusalem, du Stadt von Gold,
von Kupfer und lichtem Schein;
ich will für deine Lieder die Harfe sein. (Naomi Schemer)

Dass der Jerusalemstein hart ist, kann jeder bestätigen, der versuchte, mit einer Bohrmaschine ein Loch hineinzubohren. Als zu Beginn der britischen Mandatszeit, zwischen 1922 und 1930, Tausende Juden aus Europa nach Eretz Israel einwanderten, entstand besonders in Jerusalem ein Bauboom, was den Arabern nicht gefiel. Da die Steinbrüche des Landes aber in arabischer Hand waren und auch die Steinmetzen Araber waren, kamen die Briten den Arabern entgegen und erließen ein Gesetz, dass alle Häuser in Jerusalem mit dem Jerusalemstein gebaut sein müssen. Damit sprachen sie den Arabern nicht nur das Monopol aller Neubauten zu, sondern machten den Bezug der Häuser vom Tempo der arabischen Steinmetzen abhängig, d. h., sie bremsten damit den jüdischen Bauboom. Die Araber freuten sich, die Juden ärgerten sich und die Briten hatten ihre Ruhe.

Dann brach nach der Ausrufung des Staates Israel 1948 der Unabhängigkeitskrieg aus. Die arabischen Ligastaaten erklärten dem gerade geborenen Judenstaat den Krieg. Jerusalem war sehr schnell von der Übermacht der Araber umzingelt. Jerusalems 84.200 Juden, meist Holocaustüberlebende, hatten kaum Waffen und flüchteten sich in ihre Häuser. Die Araber schossen nun auf die Häuser, die sie selbst für die Juden gebaut hatten. Doch ihre Kugeln prallten von den Steinen ab, sie konnten nicht hindurchdringen. Nun beschuldigten die Araber die Briten, mit den Juden unter einer Decke gesteckt zu haben, als sie dieses Gesetz erließen, und das, obwohl die Briten damals dieses Gesetz gegen die Juden erlassen hatten. Es heißt in 1. Mose 50,20: »Sie gedachten es böse, aber der HErr machte Gutes daraus.« Noch heute besteht das Gesetz, dass alle Bauten in Jerusalem mit diesem Stein gebaut bzw. verklinkert sein müssen.

Doch zurück in die frühe Geschichte. Als das Christentum im Jahre 326 die Staatsreligion des Römischen Reiches wurde, verstärkte sich die Tendenz unter den christlichen Kaisern, den Tempelplatz bewusst als Trümmerfeld zu belassen, um dadurch aller Welt mit Nachdruck zu zeigen, dass die Kirche das Judentum besiegt hat. Weder Juden noch Judenchristen durften sich in Jerusalem aufhalten. Damit sollte die endgültige Liquidierung des Judentums zur historischen Tatsache werden. Nur an einem Tag im Jahr, am 9. Av (*Tischa BeAv*), dem Tag der Zerstörung des jüdischen Tempels, durften Juden nach Jerusalem, um vor der einzig übrig gebliebenen Mauer über die Zerstörung Jerusalems zu wehklagen. Historischen Zeugnissen zufolge mischten sich an diesem Trauertag christliche Propagandisten unter die Juden, um ihnen zu predigen, dass mit der Zerstörung des Tempels das Christentum an die Stelle des Judentums getreten sei.

Dann wurde im Jahre 362 Julian Apostata (der Abtrünnige) Roms neuer Kaiser. Er verwarf das gerade erst eingeführte Christentum und führte den heidnischen Götterkult wieder ein. Als Zeichen des Sieges über das Christentum wollte er den jüdischen Tempel in Jerusalem wieder aufbauen, was von den saddzuäischen Juden begrüßt, von den pharisäischen Juden jedoch abgelehnt wurde, weil ihrer Meinung nach der Wiederaufbau des Tempels zeitlich mit dem Kommen des Messias einhergehen muss und sie sahen in Kaiser Julian nicht den Messias. So zerstörte ein Erdbeben den begonnenen

Wiederaufbau – nur die alte Westmauer blieb stehen. Im Jahre 363 wurde Kaiser Julian Apostata bei einer Schlacht am Orontos ermordet. Seine letzten Worte sollen »Nun hast du doch gesiegt, Galiläer!« gewesen sein, denn seine Nachfolger machten das Christentum wieder zur Staatsreligion.

Die Kreuzfahrer, die im Jahre 1099 Jerusalem so blutig erobert hatten, brachten unsägliches Leid über die jüdische und moslemische Bevölkerung Jerusalems. Weil jedoch nur die Juden wussten, wo die restliche Mauer des Tempelplatzes stand, durften die wenigen Juden, die das Massaker überlebt hatten, wieder nach Jerusalem zurück. So errichteten die Kreuzfahrer auf dem Tempelplatz ihren *Templum Domini,* den Felsendom und nicht weit davon das Hauptquartier des Templer Ritterordens. Den Vorschlag, sich zum König von Jerusalem krönen zu lassen, lehnte Gottfried von Bouillon ab, weil »in Jerusalem nur einer als König herrschen könne und das sei Christus mit der Dornenkrone«. Er befahl, dass der Begriff *Templum Domini* auf die Grabeskirche übertragen werden solle. Ungeachtet dessen ließ sich am 25. Dezember 1100 Graf Balduin zum König von Jerusalem krönen. Dieses später auf die Habsburger übertragene Königtum von Jerusalem, das ein Teil des *Heiligen Römischen Reiches Deutscher Nation* war, endete im Jahre 1806 auf Druck Napoleons, der Kaiser Franz II. zwang, die Reichskrone niederzulegen.

So hat die Westmauer auch das *Heilige Römische Reich Deutscher Nation* überdauert. Als ein jüdischer Pilger vor dieser Mauer betete, hörte er in sich eine Stimme: »Mein Sohn, lege dein Ohr an diese Mauer. Was für eine Stimme hörst du?« Er horchte und hörte das Gurren einer Taube und vernahm daraus die Worte: »Wehe denen, um deren Sünden willen ich mein Haus zerstörte. Doch, so wahr ich, der HErr, lebe, werde ich mein Haus wieder aufbauen, damit alle Welt erkennt, dass ich der Heilige Israels bin. Das aber tue ich nicht um euretwillen, sondern um meines heiligen Namens willen. Ich werde wieder nach Zion zurückkehren und mit mir mein Volk.« Als Suleiman der Prächtige (gest. 1566) in Jerusalem weilte, fragte er die Bewohner, wo der Judentempel gestanden habe, es solle noch eine Mauer von ihm zu sehen sein. Doch niemand konnte ihm Auskunft geben. Von seinem Palast aus sah er einen hohen Müllberg, der ihn störte, denn er sah nicht nur hässlich aus, sondern stank auch widerlich. Dabei fiel ihm auf, dass nicht nur die Bewohner Jerusalems, sondern auch Menschen aus Bethlehem dort ihren Müll hinbrachten. So fragte er die Christen aus Bethlehem, warum sie ihren Müll nach Jerusalem brächten, ob es in Bethlehem keine Abfallplätze gäbe. Sie antworteten ihm, dass man ihnen gelehrt habe, dass jeder, der an dieser Stelle seinen Müll ablädt, eine verdienstvolle Tat vollbringt. Das machte den Sultan neugierig, und so ließ er Goldmünzen über den Müllberg streuen. Daraufhin strömten die Menschen herbei und trugen in Windeseile den Müll ab, um die Goldstücke zu finden. So kam die Westmauer wieder ans Tageslicht und der Sultan wusste, wo der Judentempel gestanden hatte.

Im 19. Jh. schlugen orthodoxe Juden Nägel in die Mauer als Zeichen dafür, dass, so fest die Nägel in der Mauer verankert sind, so felsenfest wird Gottes Verheißung in Erfüllung gehen, dass alle Juden wieder nach Zion und damit zu dieser Mauer heimkehren werden.

Als ich 1964 vor der Klagemauer stand, zeigte mir ein jordanischer Polizist lachend diese Nägel und meinte, ob die Juden tatsächlich glauben, dass sie jemals wieder zurückkehren werden. Er irrte sich, denn am 7. Juni 1967 kehrten sie wieder zur Westmauer zurück. Mittlerweile wurde der Boden des Platzes vor der Westmauer tiefer nach unten verlegt, so dass die Nägel irgendwo oben sind. Heute kann ich diese Nägel nicht mehr sehen, dafür aber die, wie verheißen, nach Zion heimgekehrten Juden.

In der *Mischnah* (Traktat *Middot*) steht: »Die Priester pflegten an drei Stellen im Tempel Wache zu halten: in Beth Avtinas, in Beth HaNitzot und in Beth HaMoked. Von den Leviten hielten fünf an den fünf Toren des Tempelberges Wache, vier an den vier Mauerecken und fünf hielten an den fünf Toren des Hofes Wache.« Diese Priester und Leviten bildeten Ehrengarden, denn sie hielten Tag und Nacht Wache zu Ehren des Tempels. Ende des 19. Jh.s nahm Rabbi Hillel Gelbstein diesen Brauch wieder auf und berief gottesfürchtige Männer zu diesem Dienst, die sich, gegenseitig ablösend, Ehrenwache an der Westmauer hielten. Weil die Araber darin ein Wiederaufleben des jüdischen Tempeldienstes sahen, vertrieben sie immer wieder die wachhabenden Juden. Rabbi Gelbstein aber gab sich nicht geschlagen, sondern hielt durch, so dass bis zum heutigen Tag an der Westmauer eine jüdische Ehrenwache besteht, die Tag und Nacht dort wacht und betet – bis der Messias erscheint.

Ende des 19. Jh.s zog der orthodoxe Jude Moses Diskin aus Grodno nach Eretz Israel. Er war reich und fromm und davon überzeugt, dass noch zu seinen Lebzeiten der

Messias kommen wird. In alten Schriften fand er, dass zu biblischer Zeit die Priester einen eigenen Tunnel hatten, durch den sie ungehindert von den Volksmassen ins Innere des Tempels kommen konnten. Da Diskin gehbehindert war, fürchtete er, dass, wenn der Messias auf dem Tempelberg, dem *Har HaBayet,* erscheint, alles Volk zu ihm eilen wird, er aber wegen seiner Gehbehinderung hinten stehen und vor lauter Menschen den Messias nicht sehen wird. Also forschte er nach diesem Priestertunnel, fand ihn und ließ ihn ausgraben, um, wenn der Messias erscheint, durch diesen Tunnel zu ihm zu eilen, damit er dann direkt vor dem Messias stehen kann. Diskin starb und der Messias war nicht gekommen. Diskins Aufzeichnungen von diesem Priestertunnel aber blieben erhalten. So kam es, dass, nachdem die Juden wieder von der Jerusalemer Altstadt und der Westmauer Besitz ergriffen hatten, die Ehrenwache neu eingeführt wurde. Der Chefrabbiner der Westmauer, Rabbi Gez, wusste um Diskins Geschichte. So gab er seinen Leuten den Auftrag, nicht nur zu wachen und zu beten, sondern diesen Tunnel ausfindig zu machen und ihn heimlich wieder auszugraben. Sie fanden den Tunnel, so, wie er zu biblischer Zeit war. Seine Wände waren noch mit herodianischem Stuck versehen. Doch irgendwie erfuhren dies die Araber und so standen den orthodoxen Juden im Tunnel plötzlich angriffslustige Moslems gegenüber, die die Juden vertreiben wollten, was ihnen nicht gelang. Dann aber kam die israelische Polizei und holte um des Friedens willen die Juden zurück und errichtete im Tunnel unter dem Tempelplatz eine Trennmauer. Als ich in diesem Tunnel war und die Mauer sah, dachte ich: »Vor dem Messias hält auch diese Mauer nicht stand!«

Der Gebetsplatz vor der Klagemauer nimmt gegenwärtig 70 der 485 Meter langen Westmauer ein. An seiner südlichen Seite stößt er an einen aus mittelalterlichem Schutt gebildeten Hügel, über den sich der Fußweg zum Magrebtor schlängelt, durch das man früher zum Tempelplatz kam. Am Nordende grenzt der Platz an den mameluckischen Makhemeh-Bau. Etwa ein Drittel des Platzes, das am Südende gelegene Gelände, ist für die Frauen reserviert, die restlichen zwei Drittel für die Männer. Das hat nichts mit Frauendiskriminierung zu tun, sondern einfach mit der Tatsache, dass im Judentum hauptsächlich Männer die Beter und Gottesdienstbesucher sind. Von 100 Synagogenbesuchern sind ca. 80 Männer.

Die Westmauer besteht aus riesigen Quadersteinen. Der obere Abschnitt der Westmauer besteht dagegen aus viel kleineren Steinen. Das hat seine Geschichte. Der Mufti von Jerusalem, Haj Amin el-Husseini, das Oberhaupt der moslemischen Religionsgemeinschaft von Jerusalem, der als Freund Adolf Hitlers 1941 in Berlin über den nationalsozialistischen Rundfunk alle Welt aufforderte: »Tötet die Juden, wo immer ihr sie findet!«, ließ diese zusätzlichen Steinreihen auf die Westmauer setzen, um damit das arabische Eigentumsrecht an der Mauer festzulegen.

Dem Koran (Sure 17, 1) zufolge war Mohammed in seiner Traumvision mit seinem Pferd *El-Buraq* zur »fernsten Moschee« (wörtlich) geritten. Mohammed selbst hat Arabien aber nie verlassen. So war seine Reise nur ein Traum. Nachdem die Moslems am Anfang ihrer Bewegung im 7. Jh. zuerst in Kairuan (Maghreb) und dann in

Damaskus (Syrien) die »fernste Moschee« suchten, dort aber abgewiesen wurden, blieb ihnen nur Jerusalem als »fernste Moschee« für ihre drittheiligste Stadt übrig. Das zeigt, dass Jerusalem weder wörtlich noch nur auslegungsweise im Koran steht. Ungeachtet dessen wurde von da ab alles auf Jerusalem umgeschrieben. Ursprünglich soll die Stelle, an der Mohammed sein Pferd angebunden haben soll, an der Ostseite der Tempelplatzmauer gewesen sein. Als jedoch um 1870 die ersten Juden nach Zion heimkehrten und eine neue jüdischnationale Bewegung aufkam, für die die Westmauer zum Symbol der jüdischen Wiederbelebung in Zion wurde, schrieben die Moslems erneut die Geschichte um und verlegten den Platz, an dem Mohammed sein Pferd festgebunden haben soll, von der Ostmauer zur Westmauer, um dadurch den Juden ihre heiligste Stätte streitig zu machen.

Dann kam der Sechstagekrieg. Am 7. Juni 1967 zog Israels Armee in die Jerusalemer Altstadt ein. Mosche Amirav, ein Fallschirmspringer, schildert die ersten Minuten an der Mauer: »Eine Gruppe schnaufender Soldaten hielt nach einer riesigen Mauer Ausschau. Wir hielten nicht einmal an, um uns die Omar-Moschee anzuschauen. Es hieß in uns nur ›Vorwärts! Zur Mauer!‹. Hastig drängten wir durch das enge Magrebtor. Plötzlich standen wir, wie vom Donner gerührt, still. Da stand sie vor uns! Heilig und wuchtig. Nur einmal in meinem Leben ergriff mich so ein Gefühl von Heiligkeit. Langsam, langsam näherte ich mich der Mauer, wie ein Kantor, der voller heiligem Schauer zum Thoraschrein geht. Mit Tränen in den Augen hörten wir den Ton des Schofarhorns und sprachen, so schmutzig wir in unseren Uniformen auch waren, angesichts der Mauer: ›Gesegnet seist du, oh HErr, unser Gott, König des Weltalls, der du uns erhalten und bewahrt hast, bis zur heutigen Zeit‹. Doch es gelang mir nicht, das ›Amen‹ auszusprechen. Ich legte meine Hände auf die Steine und Tränen traten in meine Augen – nicht meine Tränen, sondern die Tränen ganz Israels, Tränen der Hoffnung, dass nun bald der Messias erscheint.«

NEUES TOR:

JERUSALEM — DIE WIEGE DER CHRISTENHEIT

Das »Neue Tor« (hebr. *Scha'ar Hadasch*), das auch Sultanstor bzw. *Bab al-Jadid* genannt wird und im Jahre 1889 vom türkischen Sultan Abd al-Hamed errichtet wurde, mit der »Wiege des Christentums« in Verbindung zu bringen, klingt paradox. Weil es aber eigens für Jerusalems Christen erbaut wurde, um ihnen einen direkten Zugang zum christlichen Stadtviertel zu ermöglichen, damit sie nicht durch das für sie gefährliche moslemische Wohnviertel gehen mussten, kann man es das »christlichste« Tor nennen. Daher die Verbindung zur Geschichte der Urchristen. Da in Jerusalem alles, was keine 500 Jahre alt ist, als »neu« bezeichnet wird, heißt dieses Tor »Neues Tor«. Jerusalem ist eben die ewige Stadt.

Man sieht dem Tor an, dass es nachträglich in die Stadtmauer hineingebaut wurde. Es hat keine Wehrtürme wie die übrigen, sondern ist nur ein Durchgang, den man schmuckvoll mit einer Bordüre aus polierten Steinen verziert hat. Sein Bogen ist nicht romanisch und nicht gotisch, sondern einzigartig. Über dem Torbogen sieht man die Zinnen des alten Wehrgangs, über den man vom Jaffator bis zum Damaskustor laufen kann. Das Neue Tor wurde geschaffen, um Frieden unter Jerusalems Bürgern zu stiften. Weil im 19. Jh. die Christen, die außerhalb der Stadtmauer lebten, wie z. B. die russischen Christen vom *russischen Compound* und die französischen Christen vom gegenüberliegenden *Notre Dame de France*, wenn sie durch das Damaskustor zu ihren heiligen Stätten gingen, oft von Moslems belästigt wurden, ließ der Sultan um des Friedens willen für sie dieses Tor errichten, denn »wer sich nicht berührt, kommt nicht in Streit«.

Geht man durch das Neue Tor, findet man linker Hand eine Reihe von Basarläden und etwas weiter auf der rechten Seite das Pilgerhospiz der Franziskaner mit dem irreführenden Namen *Casa Nova*. Dann biegt die Gasse nach links ab, vorbei an Devotionalienhändlern, die Ikonen, Marienbilder und Heilige Erde anbieten, und führt zur *Custodia di Terra Sancta,* dem Apostolat der römisch-katholischen Kirche im Heiligen Land, dessen Gründung auf Franz von Assisi im Jahre 1217 zurückgeht. Ihm gegenüber liegt das Patriarchat der griechisch-orthodoxen Kirche, das sich bis zur Grabeskirche erstreckt und zu den Überraschungen Jerusalems gehört, denn es liegt mit seinen Palästen und Klöstern, Brunnen und Grünanlagen über den Dächern des Altstadtbasars. Wer sich unten im dunklen Basar tummelt, ahnt nicht, wie schön es über dem Basargewölbe aussieht.

In Bethlehem wurde Jesus Christus geboren, in Nazareth verbrachte er seine Jugendjahre, in Kana geschah sein erstes Wunder und Kapernaum nannte er »seine Stadt«. In Jerusalem aber vollbrachte er das Erlösungswerk, hier starb er am Kreuz, um drei Tage später vom Tode auferweckt zu werden und 40 Tage danach von Jerusalem aus gen Himmel zu fahren. In Jerusalem fiel der Heilige Geist auf die 120 Jünger der urchristlichen Gemeinde. Damit wurde Jerusalem zur Wiege der Gemeinde Jesu, von der es in der Apostelgeschichte 2, 42—47 heißt:

»Sie hielten beharrlich fest an der Lehre der Apostel, an der Gemeinschaft, am Brechen des Brotes und an den gemeinsamen Gebeten. Über jedermann im Volk kam Furcht, denn viele Wunder und Zeichen geschahen durch die Apostel. Alle Gläubiggewordenen hielten fest zusammen und hatten alles gemeinsam; sie verkauften ihre Besitztümer und ihre Habe und verteilten den Erlös unter allen nach Maßgabe der Bedürftigkeit; und indem sie am täglichen Besuch des Tempels mit Einmütigkeit festhielten und das Brot in den einzelnen Häusern brachen, genossen sie ihre Nahrung mit Frohlocken und Herzenseinfalt, priesen Gott und standen mit dem ganzen Volk in gutem Einvernehmen. Der HErr aber fügte täglich solche, die gerettet wurden, zum festen Anschluss hinzu.«

Die Urgemeinde stand also mit dem ganzen Volk in gutem Einvernehmen. Einer der Gründe dafür war, dass sie »am täglichen Besuch des Tempels mit Einmütigkeit festhielten«, also nicht meinten, weil sie nun an Jesus gläubig und voll Heiligen Geistes waren, hätten sie mit dem Judentum nichts mehr zu tun. So konnte der HErr täglich hinzutun. Sie waren messianische Juden. Der Begriff »Christen« kam erst später in Antiochien auf. Damit war Jerusalem die Wiege des Urchristentums.

Die ersten Christen, die noch Juden waren, verstanden und lehrten das Evangelium gemäß ihrer jüdischen

Lehre, für sie war der *Tenach,* das Alte Testament, die Schriftbasis, denn ein schriftlich fixiertes Neues Testament existierte zu ihrer Zeit ja noch nicht. Bis zum 2. Jh. hatte Jerusalems Gemeinde noch den »Bischof der Beschneidung«, der aus dem Hause Davids, der Familie Jesu, sein musste. Sie beobachteten das Gesetz, ließen ihre Knaben beschneiden, hielten den Sabbat und die Männer trugen eine Kopfbedeckung. Kirchenvater Polycrates schrieb im Jahre 195, dass Johannes, der in Ephesus wirkte, eine *Petalon,* der heutigen Kippa ähnliche Kopfbedeckung, trug. Hier muss man bedenken, dass ja nur die nichtjüdischen Christen bis auf vier ausdrücklich genannte Anordnungen vom Gesetz befreit wurden, nicht aber die an Jesus gläubigen Juden (Apostelgeschichte 15, 28–29).

Es gehörte zu ihrem Glaubensbekenntnis, dass Christus der einzige Mittler zwischen Gott und den Menschen ist. Dennoch glaubten sie, dass es Gerechte gibt, die der Bekehrung nicht bedürfen, so, wie Jesus dies in Lukas 15, 7 lehrte. Dazu gehörten die Heiligen, die beim Tode Jesu aus ihren Gräbern kamen und vielen erschienen waren (Matthäus 27, 52–53). Dies beantwortet vielleicht auch die Frage, was z. B. mit den Holocaustopfern geschah, die umgebracht wurden, nur weil sie zum Volk Gottes gehörten. So, wie Josef seine Brüder rettete, noch bevor sie ihn erkannt hatten, gehören auch sie zu den Vorerlösten, die auf Israels Gesamterlösung warten (Römer 11, 26). Wegen dieser Ansicht und anderer Streitfragen kam es zur Spaltung zwischen den hebräischen und hellenistischen Christen. Heute kehren die messianischen Juden wieder zurück zu ihren hebräischen

Wurzeln und nennen sich daher *Jehudim Chassidei Jeschua*.

Diese hebräische Lehre der jüdischen Urchristen soll im Folgenden erläutert werden:

Die Bibel definiert die Person des Messias, der in Hebräisch *Maschiach* und in Griechisch *Christos* heißt, als die Person, die auf Erden Frieden schafft. Wer jedoch die Welt seit Christi Geburt betrachtet, findet alles andere als Frieden. Daher ist die Ablehnung der Juden zu verstehen, die sagen: Jesus kann nicht der Messias sein, denn er hat der *Welt* keinen Frieden gebracht. Nach Christi erstem Kommen erkennen ihn nur die Menschen des göttlichen Wohlgefallens (Lukas 2, 14), denen er Frieden und Erlösung verschaffte. Bei seinem zweiten Kommen erkennt ihn das gesamte jüdische Volk (Sacharja 12, 10) und auch die gesamte Menschheit, denn dann wird in der Welt Frieden und Wohlgefallen sein. Das jüdische Volk wartet schon seit 4000 Jahren auf das Kommen des Messias als Friedefürst der Welt. Als Jesus vor 2000 Jahren auf die Erde kam, lehnte ihn das jüdische Volk als Messias ab, weil es die in der Bibel genannten Verheißungen nicht erfüllt sah, denn es sah keinen Frieden auf Erden, überall tobten Kriege und die Römer unterjochten es blutig. Jesu Auftreten änderte nichts!

Die jüdischen Autoritäten zur Zeit Jesu und die Juden unserer Zeit messen die Echtheit des Messias daran, ob sich durch ihn die Welt zum Guten hin verändert. Genau das tun auch die Juden heute, wenn sie Kontakt mit Christen pflegen. Sie prüfen die Echtheit ihres Glaubens anhand ihrer Werke. Da kann die Botschaft der messianischen Juden noch so theologisch gut und evangelistisch perfekt sein, ausschlaggebend ist ihr Leben, sind ihre Werke. Leider glauben viele Christen, dass die Werke durch die Gnade *ersetzt* worden sind, was nicht stimmt, denn es heißt im Neuen Testament (Jakobus 2, 17 u. 26):

»Hat der Glaube keine Werke aufzuweisen, ist er an sich selbst tot ... ebenso, wie der Leib ohne Geist tot ist, so ist auch der Glaube ohne Werke tot.« Das heißt, man misst unser Leben nach dem Motto: »Meister, wo bist du zu Hause?«, wie lebst du dein Glaubensleben aus?

In Sacharja 4 zeigt uns Gott einen goldenen Leuchter, der von zwei Ölbäumen flankiert ist. Diese beiden Ölbäume speisen den Tempelleuchter mit Öl. Da fragt Gott den Propheten: »Wie, du weißt nicht, was diese beiden Ölbäume bedeuten?« und beantwortet selbst seine Frage: »Das sind die zwei ›Söhne des Öls‹. ›Sohn des Öls‹ heißt ›Gesalbter‹ und ›Gesalbter‹ heißt *Messias* und Messias heißt in Griechisch *Christos*. Demnach stehen neben dem Tempelleuchter zwei Messiasse, zwei Christusse. Aber gibt es zwei Messiasse? Nein!

Als Sacharja fragt, wer diese beiden Messiasse seien, antwortet Gott: »Das sind die beiden Gesalbten, die als Diener vor dem HErrn die ganze Erde vertreten«. Die *ganze* Erde meint, Juden und Nichtjuden. Hier wurde erstmals das messianische Erlösungswerk als universal, d. h. auch für Nichtjuden gültig, beschrieben. Die beiden Messiasse sind jedoch nur *ein* Messias: der Messias, der kam, und der Messias, der wiederkommt. Der Messias, der kam, ist der Messias für den Mikrokosmos, für den Einzelnen, und der Messias, der da wiederkommt, ist der Messias für den Makrokosmos, für die ganze Erde.

Gemäß jüdischer Lehre heißen die beiden Messiasse »Messias ben Josef« (der kam) und »Messias ben David« (der wiederkommt). Beide Messiasse haben ihren Ursprung in der einen Person des Josef, der von seinen Brüdern für 20 Silberlinge nach Ägypten verkauft wurde und dort zuerst als »Messias ben Josef« den Ägyptern, den Nichthebräern, zum Retter und Heiland wurde. Zum Schluss kommen auch seine Brüder zu ihm. Hier ist Folgendes zu beachten: Josef erhielt bereits seine Brüder am Leben, obwohl sie ihn noch nicht als ihren Erlöser erkannt hatten. Doch von dem Moment an, als er sich seinen Brüdern zu erkennen gab: »Ich bin Josef, euer Bruder!«, wurde aus dem Heidenretter »Messias ben Josef« der für seine jüdischen Brüder gültige Heiland »Messias ben David«. Er war und blieb ein und dieselbe Person, ein und derselbe Messias. Er hatte sich nur in zwei Erscheinungsformen offenbart. Jesus bzw. *Jeschua,* wie er in Hebräisch heißt, ist derzeit noch der für die Nichtjuden gültige »Messias ben Josef«, weil er sich noch nicht den Juden als »Messias ben David« zu erkennen gab.

Sobald der Messias sich, wie Paulus lehrt, Israel in seiner *Gesamtheit* zu erkennen gibt, wird aus dem »Messias ben Josef« der »Messias ben David«. Paulus schreibt an die Römer in Kapitel 11:

»So frage ich nun, hat Gott sein Volk etwa verstoßen? Keineswegs! – Verstockung ist über ein Teil der Israeliten gekommen, doch nur so lange, bis die Vollzahl (*pleroma*) aus den Heiden in die Gemeinde Gottes eingegangen sein wird, danach wird Israel in seiner Gesamtheit gerettet werden. So sind sie im Hinblick auf das Evangelium Feinde um euretwillen (um der Nichtjuden willen), aber im Hinblick auf die Erwählung sind sie Geliebte um der Väter willen, denn Gottes Gnadenverheißungen bzw. Berufungen sind unwiderruflich.«

Wenn Paulus von einer teilweisen Verstockung spricht, berücksichtigt er damit die einzelnen messianischen Juden, denen sich Christus damals und heute bereits als »Messias ben David« zu erkennen gegeben hat.

So wurde Josef, um die Ägypter zu retten, ein Ägypter, so ging auch Christus nicht ans Kreuz, um das Judentum zu verbreiten, sondern um alle Welt zu retten. So wurde er um der Deutschen willen ein Deutscher, um der Amerikaner willen ein Amerikaner und um der Koreaner willen ein Koreaner usw. Dadurch wurde Christus im Laufe der Kirchengeschichte dermaßen entjudaisiert, dass seine jüdischen Brüder ihn nicht mehr erkennen können.

Der Jude Edmund Fleg schrieb:
»Natürlich suche ich Jesus, aber wie kann ich ihn finden? Stellen sie sich vor, Sie hätten jemanden nur 20 Monate gekannt, und man zeigte ihnen 20 Jahre lang jeden Tag 20 Porträts, die meinem Bruder nicht gleichen. Wird dann ihr Gedächtnis nicht sein wahres Bild verlieren? So hält man uns Juden schon 20 Jahrhunderte lang in hunderttausendfacher Weise verschiedene Jesusbilder vor – blonde Jesuserscheinungen, die an Apollo und Adonis erinnern, Jesus in flämischer, italienischer und japanischer Art. Alle sind nichtjüdische, heidnische Figuren. So ist es mit der kirchlichen Theologie. Wo finde ich darin noch seinen jüdischen Ursprung? Ich liebe dich Jesus, dich, den wirklichen Jesus-Messias. Doch, wo bist du?«

Wenn ich jetzt fragen würde, woraus die meisten Mischehen bestehen, würden viele antworten: aus Katholiken und Protestanten. Nein: Die meisten Mischehen bestehen aus Mann und Frau.

Ich bin seit 1964 verheiratet und kenne meine Frau sehr gut, verstehen aber tue ich sie immer noch nicht. Frauen haben eine andere Logik, keine schlechtere oder bessere – nur eine andere! Auch wenn man sich noch so bemüht, sich anzugleichen, Frauen und Männer werden immer verschieden bleiben, das ist eine ewige göttliche Regel.

So sind Juden und Christen die von Gott gewollte Mischehe. Der Apostel Paulus beschreibt das Verhältnis von Juden und Christen in Römer 11, 8: »Gott hat den Juden den Geist der Betäubung (Unempfänglichkeit) gegeben, Augen des Nichtsehens und Ohren des Nichthörens.« Das heißt, auch wenn sie wollten, sie *können* das Evangelium nicht sehen und nicht hören. Paulus nimmt diesen Vergleich aus dem Schöpfungsbericht der Eva: »Da ließ Gott einen betäubenden Schlaf auf Adam fallen, so dass er einschlief« (1. Mose 2, 21). Er hatte Augen, die nicht sahen, und Ohren, die nicht hörten. Adam wurde nicht getötet, sondern nur betäubt, denn Gott wollte eine Operation vornehmen, um aus Adams Seite für Adam eine Gehilfin, die Eva, zu schaffen.

Adam musste so lange unter der Narkose bleiben, bis Eva vollendet war. Adam war nur betäubt, nicht tot, denn Eva sollte Adam nicht ersetzen, sondern nur ergänzen! So liegt das Volk der Juden unter der Betäubung, so lange, bis Eva, die Gemeinde Jesu aus den Heiden, ihre Vollzahl bzw. geistliche Vollständigkeit (pleroma) erreicht hat. Erst als Eva fertig war, durfte Adam aufwachen. Wenn die Gemeinde Gottes aus den Heiden ihre Vollständigkeit erreicht hat, wacht auch Israel aus der Betäubung auf, denn die Gemeinde Jesu sollte Israel nicht ersetzen, sondern nur ergänzen. Damit wird deutlich, dass die Ersatztheologie, die lehrt, dass die Gemeinde Jesu an die Stelle Israels getreten ist, eine Irrlehre ist. Als Adam endlich aufwachte und Eva sah, rief er aus: »Das ist Gebein von meinem Gebein, Fleisch von meinem Fleisch!« – wir gehören zusammen! Und wenn Israel aus der Betäubung aufwacht, wird Israel, wenn es die Gemeinde Jesu erkennt, ausrufen: »Das ist Gebein von meinem Gebein, Fleisch von meinem Fleisch – wir sind *eins*!«

Und doch blieb Adam Adam und Eva Eva, so wie auch die Juden Juden und die Nichtjuden Nichtjuden bleiben, obwohl sie in Christus *eins* sind. Christen müssen also nicht, um bessere Christen zu werden, Juden werden oder wie man neuerlich behauptet, dass Christen eigentlich vom Stamm Ephraim abstammen. Gottes Heilsplan schuf keine Zwitterwesen, sondern eine göttliche Mischehe.

Dass diese heilige Mischehe zwischen Juden und Christen bis in Ewigkeit anhält, zeigt uns Gott u. a. in der Offenbarung des Johannes, Kapitel 15. Dort singt ein *gemischter* Chor das »Lied des Moses«, das Gottes Großtaten an den Juden besingt. Derselbe Chor singt aber auch das »Lied des Lammes«, das Lied der erlösten Christen. Ein Antisemit wird in diesem Chor nicht mitsingen, ebenso wenig wird ein Antichrist in diesem Chor mitsingen können. Er ist ein gemischter Chor für Juden und Christen, in dem jeder seine von Gott bestimmte Stimme und den ihm von Gott zugedachten Platz einnimmt.

Selbst das ewige himmlische Jerusalem (Offenbarung 21) besteht aus jüdischen und christlichen Elementen. Die Tore dieser heiligen Gottesstadt tragen die Namen der zwölf Stämme Israels: Juda, Benjamin, Naftali, Simeon, Levi usw. Ein Antisemit wird nicht durch diese Tore gehen können. Und die Grundsteine dieser herrlichen Stadt tragen die Namen der zwölf Apostel des Lammes: Johannes, Petrus, Matthäus, Jakobus, Thomas usw. Ein Antichrist hat in dieser Stadt kein Wohnrecht. So bewahren selbst bis in alle Ewigkeit Juden und Christen ihre Eigenständigkeit. Und dennoch: In Christus sind Juden und Griechen eins (Galater 3, 28): »Gebein von meinem Gebein«, d. h. Adam blieb Adam und Eva blieb Eva, so bleiben in Christus Juden Juden und Griechen Griechen.

Als 1948 der Staat Israel ausgerufen wurde, gab es in Israel genau zwölf messianische Juden. Es waren keine zehn oder siebzehn, sondern exakt zwölf. Damit wollte Gott uns zeigen, dass zur gleichen Stunde, als er mit dem Volk Israel einen neuen staatlichen Anfang machte, er auch wieder mit zwölf Jüngern in Israel eine neue messianische Gemeinde gründete, denn in den Augen Gottes sind der Staat Israel und die messianische Gemeinde eine heilsgeschichtliche Einheit. Paulus betont, dass nur über einen Teil die Verstockung kam, denn er hat die jüdischen Urchristen und die heutigen messianischen Juden ausgeklammert. Sie gehören zu dem Teil, über den keine Verstockung um der Heiden willen kam. Die messianische Gemeinde in Israel lebt und entwickelt sich zu ihrem Ursprung zurück, bekommt wieder ihre jüdische Prägung, so, wie sie zur Zeit der ersten Apostel war. Die Mitglieder der etwa 100 messianischen Gemeinden (Stand: 2003) lassen wieder wie vor 2000 Jahren ihre Knaben beschneiden, halten den Sabbat und feiern die jüdischen Feste – bis zu dem Moment, in dem der Messias sich dem gesamten Volk Israel zu erkennen gibt.

So ist die hellenistische bzw. heidenchristliche Theologie für die Nationen gut und richtig, so wie auch Josefs Auftreten in Ägypten richtig war, sie ist jedoch in Israel fehl am Platze und kann daher in Israel keine Wurzeln schlagen. Dazu kommt, dass die messianischen Juden in Israel immer eine Minderheit bleiben werden, die derzeit etwa 0,07 % der Bevölkerung ausmacht. Israel wird dagegen erst durch die Erscheinung des »Messias ben David« in seiner Gesamtheit errettet, wenn er sich seinem Volk zu erkennen gibt und ganz Israel den erkennt, den sie durchbohrt haben, so wie es in Sacharja 12, 10 verheißen ist. Dann wird jeder Einzelne in Israel und doch alle zugleich sich zu ihm bekehren.

In diesem Kapitel wurde nur die *Wiege* des Christentums berücksichtigt, als sie noch judenchristlich war, also nicht die allgemeine Kirchengeschichte, die ihren Anfang mit der Umbenennung Jerusalems in *Aelia Capitolina* (135) und der Thronbesteigung des heidenchristlichen Bischofs Makarios von Jerusalem (314) nahm. Unerwähnt blieb auch die umstrittene Auffindung des Kreuzes durch Kaiserinmutter Helena im Jahre 326 und die vielen Kämpfe der Kirchen um Rechte an den heiligen Stätten. Allein die Geschichte der Kreuzfahrer in Jerusalem (1099–1291) und das Leben der Christen unter moslemischen Herrschern sowie die kurze Zeit des anglikanisch-preußischen Bistums (1841–1917) bis hin zum Besuch von Papst Johannes Paul II. würde Bände füllen. Dazu kommen die vielen Kirchen und Ordenseinrichtungen, die Jerusalem als Heilige Stadt im *Status quo* prägen, angefangen von der Grabeskirche und dem Gartengrab. Doch es scheint, als schließt sich der Kreis nun wieder dort, wo er vor fast 2000 Jahren begonnen hatte, nämlich an seinem ursprünglichen judenchristlichen Anfang, so als liefe die Zeit der heidenchristlichen Kirche aus und die messianisch-jüdische Epoche nimmt wieder wie früher in Israel ihren angestammten Platz ein, was örtlich und auch lehrmäßig verstanden werden kann.

DAMASKUSTOR:
JERUSALEM UND DIE PALÄSTINENSER

Das Damaskustor, an der Nordmauer zwischen dem Neuen Tor und dem Herodestor gelegen, ist das imposanteste Tor, das Suleiman im Zuge des Mauerbaus (1537–1546) errichten ließ. Das Tor hat eine mit seiner Wuchtigkeit verwobene Zierlichkeit. Kein Ort ist so eng mit der Geschichte Jerusalems verbunden wie das Damaskustor. Es hat nicht nur gesehen, wie Jerusalem im Laufe der Zeit von Hand zu Hand ging, sondern auch wie man ihm verschiedene Namen gab. Schon in vorchristlicher Zeit gab es hier ein kleines Tor, das zur dritten Mauer Jerusalems gehörte und damit belegt, dass die gegenüberliegende Schädelstätte *Golgatha* (Gartengrab) außerhalb der Stadt lag, wie Johannes es in Kapitel 19, Vers 17 schreibt.

Als der römische Kaiser Hadrian im Jahre 135 n. Chr. den jüdischen Bar-Kochba-Aufstand niedergeschlagen hatte, benannte er Jerusalem in *Aelia Capitolina* um. Hadrian war ein eifriger Bauherr. Sein Werk an dieser Stelle war ein großes Mitteltor für den Pferde- und Eselskarrenverkehr mit zwei kleinen Toren an jeder Seite für die Fußgänger. Das Damaskustor, durch das man heute die Stadt betritt, ist trotz seiner derzeitigen Höhe von immer noch 14 Metern in Wahrheit nur der obere Teil des einstigen

Tores. Hadrian nannte es *Porta Neapolis,* da die Straße von hier aus nach *Neapolis,* zur »neuen Stadt«, führte, die Hadrian an der Stelle des biblischen *Schechem — Sichem* erbauen ließ, was die jetzige Stadt Nablus ist. Doch weil die Araber kein »P« aussprechen können und daraus ein »B« machen, wurde aus Neapolis *Nablus.*

Im 4. Jh. benannten die Byzantiner die *Porta Neapolis* in *Stephanustor* um, weil in seiner Nähe Stephanus, der erste christliche Märtyrer, gesteinigt wurde und auch begraben liegt. Im 12. Jh. übertrugen die Christen den Namen Stephanustor auf das Löwentor an der Ostseite der Stadt, weil die Moslems das bis dahin dem Stephanus geweihte Tor in *Bab el-Amud* (dt. Tor der Säule) umbenannten, was an die außergewöhnlich hohe Säule erinnert, die Kaiser Hadrian auf der Innenseite des Tores zu seinen Ehren errichten ließ. Auf der Madaba-Mosaikkarte aus dem 6. Jh., der ältesten geografischen Darstellung des Heiligen Landes, ist diese Säule unübersehbar abgebildet. Erst Ende des 17. Jh.s bekommt das Tor den heute gebräuchlichen Namen *Damaskustor,* weil zu dieser Zeit von hier aus eine Handelsstraße nach Damaskus führte. Juden nennen dieses Tor jedoch wie zu biblischer Zeit *Scha'ar Schechem,* die Moslems *Bab el-Amud* und die Christen *Damaskustor.*

 Weil dieses Tor so stark von Palästinensern frequentiert wird, die dort ihre Waren verkaufen, sollten wir uns die Frage stellen, wo die Palästinenser herkommen und was die Bibel über sie sagt.

Zuerst muss klargestellt werden, dass alle Menschen nach Gottes Ebenbild erschaffen sind. Es gibt weder

Untermenschen noch Übermenschen, auch wenn politische, religiöse und sprachliche Grenzen Menschen voneinander trennen. Wer seinen Nächsten verachtet, nur weil er eine andere Hautfarbe oder eine andere Nationalität hat, versündigt sich am Ebenbild Gottes. Wenn wir unseren Nächsten achten würden, würde es auch keinen Nahostkonflikt geben, denn Israelis und Palästinenser könnten gut in Frieden zusammenleben. Doch die Begriffe Zionisten und Palästinenser nahmen eine böse Polemik an.

Zuerst muss gesagt werden, dass der Name *Palästinenser* in dieser Form nicht in der Bibel vorkommt, denn er stammt erst aus nachbiblischer Zeit, als der römische Kaiser Hadrian im Jahre 135 n. Chr., auf dass man des Namens Israel nimmermehr gedenke, den Namen *Judäa* durch den Namen des Erzfeindes Israels, durch *Philistäa*, ersetzte, was in lateinischer Aussprache *Palaestina* heißt. Schade ist nur, dass viele das Land, das Gott *Judäa* bzw. *Israel* nannte, *Palästina* nennen, was sachlich verkehrt ist. Man sagt ja auch nicht: die DDR zur Zeit Martin Luthers. Die Welt wird herausgefordert, sich zu entscheiden, wem sie mehr gehorcht: Gott oder dem Heiden Hadrian. Gott befahl ausdrücklich, angefangen mit Jakob: »Du sollst fortan *Israel* heißen!« (1. Mose 32, 28 u. 35, 10). Dagegen opponierte der römische Kaiser und erklärte: »Nein, du sollst *Palästina* heißen!« Wem wollen wir mehr gehorchen, Gott oder Hadrian?

Das erinnert an den Psalm 83. Schon damals versuchten Israels Feinde, Namen und Volk auszulöschen: »Siehe, deine Feinde toben und die dich (Gott) hassen, tragen das Haupt hoch. Gegen dein Volk ersinnen sie Anschläge und beraten sich gegen deine Schutzbefohlenen. Sie sagen: Kommt, wir wollen sie vertilgen als Volk, des Namens Israel soll man fürder nimmermehr gedenken.« Die Feindschaft richtet sich in Wahrheit also nicht gegen Israel, sondern gegen Gott. Wie kann man vor solch einem biblischen und historischen Hintergrund noch das von Gott *Israel* genannte Land *Palästina* nennen?

Um den Begriff *Palästina* bzw. *Palästinenser* wissenschaftlich zu ergründen, müssen wir auf seine ursprüngliche Aussprache *Philistäa* bzw. *Philister* umsteigen. In Hebräisch heißen die Philister bzw. Palästinenser *plischtim*. Die vier Wurzelkonsonanten *pe-lamed-schin-taf* sind kein semitisches Idiom, sondern indogermanisch, denn die Philister sind Abkömmlinge der Pelasger, dem weißen Stamm der Indogermanen, wie z. B. die Albaner, im Gegensatz zum roten Stamm der Phönizier. Die anerkannte Deutung des Namens Philister geht auf *falasa* zurück und bedeutet »aus-« und »einwandern« bzw. »Aus-« und »Einwanderer«.

Um es gleich zu sagen: Die Philister bzw. Palästinenser stammen nicht von Abraham ab. Weil die Philister keine Semiten sind, stammen sie auch nicht von Ismael oder Esau ab.

Hier drängt sich ein zusätzlicher Irrtum auf, denn viele meinen, dass die Moslems die Nachkommen Ismaels sind. Das kann nicht sein, denn der Islam ist eine Religion und keine Rasse. Moslems gibt es in Indonesien und in Algerien. Was haben die Moslems in Bali mit Ismael oder Esau zu tun? Nichts! Wo kommen nun die Philister her? In der Völkertafel (1. Mose 10, 14) werden die Philister als ein »fremder Stamm« erwähnt, der von

Ägypten ausging, als sie im Jahre 1176 v. Chr. von Pharao Ramses III. von dort vertrieben wurden, denn die Philister stammen ursprünglich von der Mittelmeerinsel *Kaphtor,* damals und auch heute unter *Kreta* bekannt. Davon stammt auch der Begriff »Kreti und Pleti« (2. Samuel 15). In der Bibel werden die Philister auch die »Unbeschnittenen« genannt. In Ägypten heißen sie *Pulista* und wurden als die »Unreinen« gemieden. Sie erscheinen auf ägyptischen Stelen unbeschnitten und mit Kopfmütze, siehe in Medinet Habu.

Diese Kreter siedelten sich zuerst im Sumpfland Ägyptens an und überquerten danach den Bach Ägyptens, den heute so genannten *Wadi El-Arisch,* und ließen sich an der südwestlichen Mittelmeerküste Kanaans, dem heutigen Gazastreifen, von Gaza bis nach Aschdod nieder. Dieser ersten Einwanderung der Kreter folgte eine zweite. Die aber führte nicht mehr über Ägypten, sondern von der Insel Kreta aus direkt an die israelische Küste. Damals hießen die Philister noch *Kaphtoriten* (5. Mose 2, 23). Das lesen wir auch in Jeremia 47, 4: »Der HErr will die Philister vernichten, die Abkömmlinge der von der Insel *Kaphtor* (Kreta) Gekommenen.« Auch in 1. Samuel 30, 14 werden die Philister *Kreter* genannt, denn es heißt darin vom Feldzug Davids: »Wir hatten einen Einfall gemacht ins Südland der Kreter.« David aber war nie auf der Insel Kreta, also war damit eindeutig der Gazastreifen gemeint. Ehe die Philister ins Land kamen, lebten dort die Kanaaniter, die als Stamm und Volk völlig untergegangen sind. Damit wird die Behauptung der heutigen Palästinenser widerlegt, dass sie als Nachkommen der Kanaaniter die Ureinwohner Israels sind.

Die tausendjährige Geschichte der Philister lässt sich in drei Abschnitte aufteilen: in die Zeit des Kampfes um die Herrschaft mit den benachbarten Israeliten, Phöniziern und Ismaeliten; die Zeit des Kampfes um die eigene Selbstständigkeit mit Ägypten und Assyrien und die Zeit der Auflösung des philistäischen Staates und der Hellenisierung des philistäischen Wesens im 4. Jh. v. Chr.

Die Philister waren schon damals ein kriegerisches Volk. Als sich die Israeliten im Inneren des Landes niedergelassen hatten, mussten sie sich fortwährend gegen die von der Küste eindringenden Philister verteidigen. In Hesekiel 25, 15–16 lesen wir: »So hat Gott, der HErr, gesprochen: Weil die Philister mit Rachgier gehandelt und mit gefühllosem Herzen in nie endender Feindschaft Rache geübt haben, um Verderben anzurichten, will ich meine Hand gegen die Philister, die Kreter, ausstrecken.« Schon zur Zeit der Richter mussten die Israeliten sich permanent gegen die Überfälle der Philister aus dem Gazastreifen wehren, deren Angriffe in der Art und Weise dem Terror von heute gleichen. Es würde zu weit führen, alle Kriege der Philister gegen Israel aufzuführen. Einmal eroberten sie sogar die Bundeslade und brachten sie erst zurück, nachdem eine Pest unter ihnen ausbrach (1. Samuel 5 u. 6). Der Israelit Simson aus dem Stamm Dan liebte die Philisterin Delila, die aber lockte ihn in eine Falle, so dass die Philister den Helden Israels blenden konnten (Richter 14–16), wofür sich Simson später bitter rächte.

Eine besondere Geschichte ist die des Philisters Goliath. David war der Urenkel der Ruth und Goliath war der Urenkel der Orpa, berichtet der *Born Judas* in Bezugnahme auf historische Quellen. Nachdem Orpa ihrer Schwiegermutter Naomi an der Grenze nach Bethlehem einen Abschiedskuss gegeben hatte, kehrte sie in ihr Moabiterland zurück und heiratete in Petach Enajim einen Philister. Von ihm gebar Orpa den Sira, der wurde Vater des Keba und Keba zeugte Goliath. Die Moabitin Ruth dagegen ließ ihre Schwiegermutter Naomi nicht allein, sondern folgte ihr nach Bethlehem und sammelte für sie Ähren. Ruths Entschluss: »Dein Volk ist auch mein Volk, und dein Gott ist auch mein Gott!« (Ruth 1, 16) führte dazu, dass sie Boas heiratete und Obed gebar, den Vater von Isai, und Isai zeugte David. Somit wurde Ruth die Ahnmutter des Königshauses David und des Messias.

Hier bestätigt sich das Wort Jesu: »Wer nicht *mit* mir ist, der ist *gegen* mich!« Orpa hatte nichts Böses gegen ihre Schwiegermutter Naomi getan – aber auch nichts Gutes für sie! Ruth dagegen setzte sich für die bitter gewordene Naomi ein, die in der Diaspora ihre gesamte Familie verloren hatte, was für sie ein Holocaust war. Naomi konnte nicht mehr glauben, dass Nichtjuden sie lieben können. Daher wies sie Orpa und Ruth sehr barsch von sich. Ruth aber ließ sich nicht abweisen. Und genau das wurde ihr zum Segen. Dass solche Entscheidungen noch Generationen später ihre guten bzw. bösen Früchte tragen, sieht man daran: Ruths Urenkel war David und Orpas Urenkel Goliath. David aber besiegte im Namen Gottes den Riesen und Sprecher der Philister Goliath.

Gott benutzte immer wieder – bis auf den heutigen Tag – die Philister als Zuchtrute gegen Israel. So wurde König Saul von den Philistern getötet, weil er statt Gott dem Rat der Hexe zu Endor folgte. Sauls Haupt hängten die Philister in ihren Dagon-Tempel und seinen Rumpf legten sie auf die Stadtmauer von Beth-Schean. Als David König war, vertrieb er die Philister aus Judäa und Israel.

Wie die anderen Erbfeinde der Juden: Edomiter, Ammoniter, Moabiter und Amalekiter, so halfen die Philister bei der Zerstörung Jerusalems durch Nebukadnezar im Jahre 588 v. Chr. kräftig mit (Hesekiel 25, 15–17). Daher ist es nicht verwunderlich, dass Kaiser Hadrian, als er den Namen Israel auslöschte, dafür den Namen der Erzfeinde Israels, nämlich *Palaestina,* einsetzte.

Erst als König Alexander d. Gr. im Jahre 332 v. Chr. den Gazastreifen eroberte, hört die Geschichte der Philister auf; von da an gab es kein philistäisches Reich mehr. Kaiser Augustus übertrug das ehemalige Philisterland an König Herodes (37–4 v. Chr.), der wiederum gab es seiner Schwester, die daraus eine kleine judäische Küstenprovinz machte. Nach der Niederschlagung des jüdischen Bar-Kochba-Aufstandes durch die Römer (135 n. Chr.), benannte Kaiser Hadrian *Judäa* bzw. *Israel* in *Palaestina* um. In diesem *Eretz Israel* zwischen Jordan und Mittelmeer lebten Juden und Byzantiner, Kreuzfahrer und Moslems verschiedener Nationalitäten. Ein eigenständiges Volk der Palästinenser aber gab es nicht mehr. Ab 1517 gehörte *Eretz Israel* zum türkischen Reich und ab 1917 bzw. 1922 bis hin zur Staatsgründung Israels 1948 zum britischen Mandats-Palästina. Selbst David Ben-Gurion, Israels Staatsgründer, war laut britischem Mandats-Pass ein Palästinenser. Die erste jüdische Tageszeitung in Eretz Israel hieß *Palestine*

Post, die heutige *Jerusalem Post.* Dann tauchte erstmals im Jahre 1964 der Begriff eines »palästinensischen Volkes« auf. Er wurde von PLO-Chef Arafat kreiert, der damit die verschiedenen PLO-Terrorverbände, die nicht nur Israel, sondern sich auch untereinander bekämpften, vereinen wollte, was ihm mit der künstlichen Schaffung eines »palästinensischen Volkes« auch gelang.

So sind die heutigen Palästinenser weder Nachkommen der Philister noch der Kanaaniter, sondern ein Mischvolk aus Menschen, die sich im Laufe der Jahrhunderte — vorwiegend im 19. und 20. Jh. — in Eretz Israel niedergelassen haben. Weil das kleine Eretz Israel im großen türkischen Reich nur ein »wertloser Zipfel«, ein »unnützer Blinddarm« war, wie es damals hieß, siedelten sich in diesem Gebiet Revoluzzer aus anderen Teilen des türkischen Reiches an. Ihre Namen verraten noch, woher sie stammen: aus Ägypten, dem Irak, Syrien usw. Und die Araber, die vor dem 19. Jh. in Eretz Israel lebten, sind größtenteils Nachkommen der Byzantiner, die nach der moslemischen Invasion im 7. Jh. gezwungen wurden, zum Islam überzutreten. Dabei ist zu beachten, dass es 1844 gemäß der ersten Volkszählung schon mehr Juden in Jerusalem gab als Araber, Moslems oder Christen.

Wie wird der israelisch-palästinensische Konflikt ausgehen? Die Vereinten Nationen sind ebenso bemüht, wie auch die Europäische Union, zwischen Israelis und Palästinensern Frieden zu schaffen. Ihnen schwebt die Schaffung eines Zweistaatensystems vor. Hier ein Palästinenserstaat und dort der Staat Israel. In Sacharja 9, 6–7 heißt es jedoch: »Ich der HErr… will dem Stolz der Philister (Palästinenser) ein Ende machen. Wenn ich ihr blutiges Opferfleisch aus ihrem Munde entfernt und ihre gräuelhaften Speisen zwischen ihren Zähnen weggeschafft habe, werden auch sie (die Philister/Palästinenser) unserem Gott verbleiben (angehören) und als ein Stamm in Juda gelten und die Bewohner von Ekron (Philisterstadt) werden den Jebusitern (Jerusalem) gleichstehen.« Es gibt also eine Lösung des Palästinenserproblems, jedoch nicht in einem Zweistaatensystem, sondern, indem sich die Palästinenser zu dem Gott der Bibel bekehren. Damit werden sie in den Stamm in Juda aufgenommen und den Bürgern Jerusalems gleichgestellt – dann wird Friede zwischen Israelis und Palästinensern sein.

Nun taucht die Frage auf, wie man ein Volk, das seit dem Jahre 332 v. Chr. historisch nicht mehr existiert, mit der Verheißung des Sacharja in Verbindung bringen kann, die für die Endzeit gültig ist. Historisch betrachtet gab es seit Alexander dem Großen kein philistäisches Reich und Volk mehr. Heute aber plagen wir uns mit dem Palästinenserproblem ab, mit Palästinensern, die historisch betrachtet keinerlei Verbindung zu den ursprünglichen Philistern haben. Das ist eine Tatsache, die wir nicht wegleugnen können. Ergo musste Arafat, um der Verheißung aus Sacharja willen, ein palästinensisches Volk kreieren, damit die Philister als solche wieder existieren. Ebenso wurde auch der Staat Israel, der fast 2000 Jahre totgeglaubt war, erst wieder durch Theodor Herzl neu ins Leben gerufen, damit Gottes Verheißungen in unserer Zeit in Erfüllung gegen können. Wenn die Palästinenser sich zu Gott bekehren werden, also weg von

Allah, wird Gott sie vom »blutrünstigen Opferfleisch«, dem islamischen Selbstmordterror befreien, damit sie mit dem israelischen Volk friedlich zusammenleben können.

Oftmals werden die Zionisten als unrechtmäßige Besatzer Israels dargestellt. *Zion* war ursprünglich die Bezeichnung der Festung in der Jebusiterstadt *Jebus*. Als König David im Jahre 1004 v. Chr. die Stadt eroberte, ernannte er sie im Auftrag Gottes zur ewigen Hauptstadt Israels. Nachdem der Tempel errichtet war, wanderte der Begriff *Zion* hinauf zum Tempelberg Morijah. Nach der Zerstörung des Tempels (70 n. Chr.) zog der Begriff *Zion* zum heutigen Zionsberg, dem Sitz der ersten Christen.

Doch seit der Zerstreuung der Juden unter alle Völker, sehnen sich die Juden nach Zion zurück. Dreimal täglich beten sie in Richtung Jerusalem gewandt für ihre Heimkehr nach Zion. In Psalm 137, 5 heißt es: »Vergesse ich dein, Jerusalem, so werden meine Rechte verdorren« (genau übersetzt: so gehen meine Rechte an den zukünftigen Verheißungen verloren). Aus dem täglichen Gebet der Juden um ihre Heimkehr nach Zion, dem religiösen Zionismus, wurde im Jahre 1897 in Basel auf dem Ersten Zionistenkongress der politische Zionismus. Der Zionismus ist jedoch nur im Kontext mit den Aussagen der Bibel erklärbar. Daher halfen gleich zu Beginn des Zionismus entschiedene Christen, wie der britische Rev. William Hechler und der Gründer des Roten Kreuzes, der Schweizer Henry Dunant, als Geburtshelfer des Zionismus mit, denn sie waren davon überzeugt, dass der Zionismus zu Gottes Heilsplan mit seinem Volk Israel gehört. Heißt es doch in Jeremia 31, 10: »Er, der Israel zerstreut hat, er sammelt es auch wieder.« Seit 1948 sind Juden aus über 140 Nationen nach Israel eingewandert.

Als die Israeliten vor 3350 Jahren ins Gelobte Land zogen, kamen sie in kein leeres Land, obwohl Gott selbst vor ihnen herzog, des Tages mit der Wolke und des Nachts mit der Feuersäule. Dasselbe Problem haben wir heute wieder, denn wieder führte Gott sein Volk Israel nicht in ein leeres Land. In Hesekiel 36, 24 lesen wir: »So hat Gott, der HErr, gesprochen: *Ich* will euch (Israel) aus den Heidenvölkern herausholen und euch aus allen Ländern sammeln und euch in *euer* Land zurückbringen.« Mit dem *euer* ist klar gesagt, wem dieses Land gehört, und das *zurückbringen* heißt, dorthin bringen, wo sie hergekommen sind – und das ist weder Uganda noch Amerika, sondern Eretz Israel.

Mit der Rückkehr der Juden nach Zion ist auch die Urbarmachung des Landes verbunden: »Dann sollen die Trümmer wieder aufgebaut werden, das verödete Land soll aufs Neue bestellt werden, während es zuvor als Wüste vor den Augen aller Vorüberziehenden dagelegen hat. Dann wird man sagen: Dieses Land, das verödet dalag, ist ein Garten Eden geworden« (Hesekiel 36, 34). So modern und säkular der politische Zionismus auch aussieht, so ist er doch in Wahrheit Gottes Sache. Das zeigt uns Gott in der Vision des Hesekiel 37:

In der ersten Phase werden aus aller Welt die sehr verdorrten Gebeine gesammelt und heimgebracht. Das ist die *Aliya* der Juden aus aller Welt. Die Juden kehren oftmals total atheistisch nach Zion zurück.

In der zweiten Phase wächst auf den heimgekehrten Gebeinen Fleisch, Sehnen und Haut. Aus den heimgekehrten Juden wird wieder ein Volkskörper. Wir dürfen nicht vergessen, dass die Juden 2000 bzw. 2700 Jahre in der Zerstreuung lebten, einander zu Fremdlingen wurden und erst wieder ein Volk werden müssen. Das ist Israels derzeitige Phase.

In der dritten Phase wird der Volkskörper mit Gottes Geist erfüllt. Dann wird aus dem *Stand* des auserwählten Volkes der *Zustand* des heiligen Volkes. Noch leben wir in der ersten und zweiten Phase. Und alles geschieht, weil Gott verheißen hat: »Ich werde meinen Bund mit Israel in Ewigkeit nicht brechen« (Richter 2, 1).

HERODESTOR:
JERUSALEM UNTERM HALBMOND

Moslems nennen dieses Tor in der Nordmauer gegenüber der Salah-e-Din-Straße *Bab al-Zahra,* was übersetzt »blühendes Tor — Blumentor« (hebr. *Scha'ar HaPrachim*) heißt. Das arabische Wort *Zahra* kommt von *es-Sahirat,* was auch »der Erweckte« bedeutet. Daher heißt der Hügel, der den Christen als Golgatha-Felsen oberhalb des Gartengrabes bekannt ist, *Sahira*-Hügel, auf dem sich nach frühchristlich-koptischer und moslemischer Tradition am Jüngsten Tag, wenn die ganze Welt in Flammen aufgeht, die Erweckten versammeln werden, wodurch der Hügel erblühen wird. Das Tor heißt auch »Herodestor«, weil es auf den Mauern vom Palast des Herodes Antipas, der von 4 v. bis 39 n. Chr. regierte, erbaut wurde.

Das *Herodestor* ist ein kleines Tor mit einem Nord- und Osteingang. Es bildet den Hauptzugang zum moslemischen Stadtviertel. Wer durch dieses Tor in die Stadt geht, befindet sich sofort im moslemischen Bereich, umgeben von Moslems, die jeden Nichtmoslem als unerwünschte Person betrachten. Früher lebten hier viele Juden, die aber durch militante Moslems vertrieben und in den 19 Jahren jordanischer Herrschaft (1948—1967) restlos verjagt worden sind. Wer einen Blick dafür hat, der findet an den Türpfosten der Hauseingänge, in denen heute

Moslems wohnen, auf der rechten Seite in Augenhöhe die übertünchten Stellen, wo früher die jüdischen Mezusoth angebracht waren. Als ich einmal Fotos von diesen Mezusoth-Überresten machte, die verrieten, dass diese Häuser einmal Juden gehörten, wurde ich von Moslems unter Bedrohung meines Lebens vertrieben.

Angesichts des Herodestores, das ins rein moslemische Stadtviertel führt, ist es ratsam, sich Gedanken über den Islam zu machen.

Das Wort *Islam* bedeutet *Hingabe an Allah* bzw. *Unterwerfung unter seinen Willen*. Ich vermeide bewusst den Terminus »Gott« für »Allah«, denn Allah ist kein Gott, es gibt nämlich keinen Gott außer oder neben Gott, das sagt uns unmissverständlich das erste Gebot: »Du sollst keine anderen Götter neben mir dulden« (2. Mose 20, 3). Alle selbst ernannten Götter sind in den Augen Gottes Nichtse. Im Koran wird Allah auch nur Allah genannt, was erst durch die Übersetzungen zur Bezeichnung *Gott* wurde. Es ist ein Widerspruch des Islam, sich auf das Neue Testament, auf Hebräer 1, 1, zu berufen, in dem es heißt:
»Viele Male und auf vielerlei Weise hat Gott einst zu den Vätern gesprochen durch die Propheten.«
Aus diesem *einst* der Vergangenheitsform machten sie die Zukunftsform und behaupten, dass der Gott der Bibel zuerst durch Abraham, dann durch Moses und durch Jesus und zuletzt durch Mohammed geredet habe.

Es gibt ein hervorragendes Kirchengeschichtsbuch mit dem Titel »Christianity in the Arab-World«, 1994 herausgegeben vom damaligen jordanischen Kronprinzen Hassan, dem Leiter des »Royal Institute for Inter-Faith Studies«. Darin wird der jüdische Glaube der Hebräer hoch gelobt, der dann gottgewollt in das Judenchristentum überging, um danach in die hervorragende byzantinische Kirche einzumünden. Juden, Judenchristen und Christen werden in diesem Buch, angereichert mit präsisen Angaben zu ihrer Geschichte, als von Gott gegeben beschrieben. Man ist erstaunt über solch ein Lob führender Moslems. Doch dann kommt das letzte Kapitel und darin wird der Islam als letzte und höchste Stufe der Evolution beschrieben: »War das Judentum gut, das Judenchristentum besser und die Kirche noch besser, so ist der Islam das Allerbeste, denn nach ihm kam und kommt nichts Besseres.« Also purer religiöser Darwinismus.

Es gibt derzeit in der Welt 1, 3 Milliarden Moslems, aufgeteilt in 74 Gruppen und Sekten, die hauptsächlichen sind die Sunniten mit 700 Millionen, die Schiiten mit 250 Millionen, die Wahabiten mit 150 Millionen Anhängern. Demgegenüber gibt es 1, 7 Milliarden Christen und 18 Millionen Juden, davon leben 5, 5 Millionen in Israel.

Viele meinen, Allah sei nur eine andere Bezeichnung für Gott. Wer die Geschichte des Islam kennt, schüttelt über solche Märchen aus Tausendundeiner Nacht nur den Kopf, denn zur Zeit Mohammeds gab es in Arabien 365 Stammesgötter. Für jeden Tag im Mondjahr war ein anderer Stammesgötze zuständig. Mohammeds Stammespatron hieß *Alilah*.

Immer wieder wird *Allah* mit dem in der Bibel vorkommenden Begriff *Eloha* bzw. *Elohim* in Verbindung gebracht, so als wären beide der Name Gottes. *Eloha* bzw. *Elohim* ist eine Artbezeichnung, nicht aber der Name Gottes, der ist allein *JHWH*. Gott hat mehrere Begriffe, wie z. B. *Abba* (Vater), *Zidkenu* (Gerechtigkeit) oder *Zebaoth* (Heerscharen). Ein Beispiel: *Auto* ist eine Artbezeichnung, nicht aber der Name des Fahrzeugs, der ist *Mercedes* oder *BMW*. Auch wenn *Alilah* bzw. *Allah* und *Eloha* bzw. *Elohim* sehr ähnlich klingen, sind beide jedoch nicht der Name Gottes, der ist einzig *JHWH*.

Als Mohammed seine Nachbarstämme besiegt hatte, machte er aus *Alilah* den allumfassenden *Allah* und proklamierte: »Allah hu-akbar – Allah ist größer«, größer als die Götzen der anderen Stämme. Mit Blut und Schwert zwang er die Stämme Arabiens unter sein Joch, um gemeinsam mit ihnen die Welt zu erobern.

Zuerst eroberte er in Arabien Mekka, indem er mit den Urbewohnern von Mekka, den Kouraschiten, einen Friedensvertrag abschloss. Zwei Jahre später, als sich die Kouraschiten in Sicherheit wähnten, machten Mohammeds Jünger alle Kouraschiten nieder. Damit ernannte er Mekka zu seiner heiligsten Stadt. Daher wird von den heutigen Moslems das Oslo-Abkommen, das Israel 1993 mit den Palästinensern abschloss, in ihren Medien auch Kouraschitenvertrag genannt, der nur so lange Gültigkeit hat, bis sich Israel in Frieden und Sicherheit wähnt, um dann überfallen und vernichtet zu werden.

Als Mohammed Ärger in Mekka bekam, floh er nach Medina und ernannte Medina zur zweitheiligsten Stadt.

Nun fehlte ihm nur noch eine drittheiligste Stadt, denn in jeder Religion sind alle guten Dinge drei. Auf der Suche nach der drittheiligsten Stadt rückt fälschlich Jerusalem ins Bild. Und das, obwohl in Sure 17, 1 es nur heißt, dass Mohammed bei seiner nächtlichen Vision bzw. Traumreise an einem »entfernten Gebetsort« war. Man kann den Koran von vorne bis hinten durchlesen, man wird in allen seinen 114 Suren nicht ein einziges Mal den Namen Jerusalem finden. Dabei aber sollte man die wissenschaftliche Übersetzung des *Reclam*-Verlages lesen und nicht eine politisch manipulierte Ausgabe.

So suchten nach Mohammeds Tod seine Anhänger eine zukünftige drittheiligste Stadt. Die damals noch kleine und unbedeutende Religionsgemeinschaft wurde zuerst in Kairuan, dem Zentrum des Maghreb, vorstellig. Doch die Tunesier winkten ab. Daraufhin boten sie der reichen Handelsstadt Damaskus an, ihre drittheiligste Stadt zu werden, doch auch die Bürger von Damaskus lehnten ab. In Jerusalem fragten sie damals gar nicht nach.

Nachdem Kalif Omar den byzantinischen Kaiser Heraklios besiegte, schloss er mit dem Patriarchen von Jerusalem, Sophronius, ein Abkommen, der für das Bündnis mit dem Moslem die Juden Jerusalems preisgab. Zu dieser Zeit war Jerusalem ein wirtschaftlich heruntergekommener Ort. Da kam Kalif Walid I. (705–750) auf die Idee, Jerusalem zu dieser immer noch gesuchten drittheiligsten Stadt zu ernennen, um die Pilger, die nach Mekka und Medina zogen, zuerst nach Jerusalem zu locken, was sich wirtschaftlich für Jerusalem auszahlte. Daher errichtete er eine Moschee, die er Al-Aksa nannte, was übersetzt *die Entfernte* heißt und somit dem Koranvers entgegenkommt. Interessant ist, dass keiner der arabischen Historiker, wie Baladuri (gest. 892) oder et-Tabari (gest. 923), Jerusalem als heilige Stadt des Islam erwähnt. Und erst in frühtürkischer Zeit (ab 1517) wurde der Tempelplatz mit den beiden Moscheen *Haram es-Scharif,* das »edle Heiligtum«, genannt.

Würde im Koran wirklich der Name Jerusalem stehen, würden die ersten Anhänger Mohammeds nicht zuerst in Kairuan und in Damaskus nachgefragt haben und, würde mit dem *entfernten Gebetsort* auch nur auslegungsweise Jerusalem gemeint sein, hätten sie diesen *entfernten Gebetsort* sofort in Jerusalem vermutet.

Nach islamischer Lehre ist die Welt in zwei Teile aufgeteilt: in das »Gebiet des Islam – dar al-Islam« und in das »Gebiet des Krieges – dar al-harb«. Der Islam steht unter dem direkten Auftrag Mohammeds: »Mir ist geboten, die Menschen zu bekämpfen, bis sie sagen: Es gibt keinen Gott außer Allah!« Um dies zu erreichen, wird der Heilige Krieg – der *Djihad* – eingesetzt. Dazwischen gibt es noch das Gebiet des »dar al-ahed«, in dem vorübergehend mit den Nichtmoslems Frieden geschlossen wird – siehe Kouraschitenvertrag, der aber nur so lange anhält, bis die Nichtmoslems sich in Sicherheit wähnen, um dann vernichtet zu werden.

Warum wollen die Moslems wegen Israel, das 613-mal kleiner ist als ihr Gebiet, in den Heiligen Krieg ziehen? In Israel leben 258 Menschen auf einem Quadratkilometer, bei den Arabern nur 18, sie sind also kein »Volk ohne

Raum«. Was also treibt sie so selbstmörderisch in den Krieg? Alle Gebiete, die von den Moslems irgendwann einmal zum »Gebiet des Islam«, zum »dar al-Islam« erklärt wurden, stehen unter der persönlichen Garantie Allahs, damit dieses Gebiet immer und ewig islamisch bleibt. Seine Glaubwürdigkeit hängt also davon ab, dass das *Gebiet des Islam* immer *Gebiet des Islam* bleibt.

Im Februar 2000 fand in Jerusalem ein Symposium statt, an dem neben verschiedenen Kirchenvertretern auch der Mufti von Jerusalem, Ikrami Sabri, teilnahm. Dabei kam u. a. der *Djihad,* der Heilige Krieg der Moslems, zur Sprache. Der Mufti erklärte, dass die Rückeroberung Israels ihre heilige Pflicht sei. Warum? Weil sonst ihr Glaubensdogma »null und nichtig« wird, was einen christlichen Teilnehmer veranlasste, ihn auf 1. Korinther 15, 17 aufmerksam zu machen, wo Paulus schreibt: »Wenn Christus nicht auferweckt worden ist, so ist euer Glaube nichtig und wertlos.« Worauf der Mufti meinte, dass, wenn die Juden nicht aus dem *Gebiet des Islam* vertrieben werden, auch ihr Glaube »null und nichtig« sei. Allein deshalb kämpfen die Moslems so fanatisch.

Der Islam kam im Jahre 622 auf, eroberte Arabien und führte permanent mit den jeweiligen Herren des Heiligen Landes Krieg, mal waren es die Byzantiner, dann die Kreuzfahrer usw., bis es ihnen im Jahre 1517 gelang, endgültig Herr über das Land Israel und Jerusalem zu werden. Damit erklärten sie Israel offiziell zum *Gebiet des Islam*, zum »dar al-Islam«, zu einem Gebiet, das unter Allahs persönlicher Garantie steht und ihnen daher *nie* mehr entrissen werden kann. Damit begann die Tragödie oder aktuell gesagt, der heutige Nahost-Konflikt, denn 400 Jahre nachdem die Türken im Jahre 1517 dieses Land zum *Gebiet des Islam* erklärt hatten und damit unter die direkte Herrschaft Allahs stellten, entriss im Jahre 1917 der bibelgläubige Christ, der britische General Allenby, den Türken — besser gesagt: Allah — dieses Land und 50 Jahre später, 1967, zogen die Juden in Jerusalem ein. Das war für die Moslems, sprich Allah, eine doppelte Niederlage, denn Christen und Juden bzw. der Gott der Juden und Christen hat sie bzw. Allah besiegt. Diese Schmach wollen sie nun ausmerzen.

Wenn die Moslems heute erklären, dass sie jeden Zentimeter Palästinas zurückgewinnen wollen, geht es ihnen nicht um das Land als solches, denn Land haben sie weltweit genug, sondern um die Ehre Allahs. Sie wollen damit seine Glaubwürdigkeit retten, denn sollte Israel weiterhin in diesem Gebiet als Judenstaat bleiben, bricht ihr Glaubensgebäude zusammen, weil Allah seine erklärte Garantie nicht einlösen konnte. So kämpfen die moslemischen Märtyrer des Heiligen Krieges und Selbstmordterroristen für Allah. Ganz anders der Gott der Bibel, der für sein Volk Israel streitet. Das beantwortet auch das Aufkommen der Al-Qaida und anderer für Allah kämpfender Extremisten. Sie müssen Allahs Ehre retten.

Laut Koran, Sure 61, 11 und 9, 41, ist jeder Moslem mit seinem Vermögen und seiner eigenen Person verpflichtet in den Heiligen Krieg zu ziehen. Erstens, um das »Gebiet des Islam« zu bewahren, und zweitens, um das »Gebiet des Krieges« zu erobern. Anfänglich durch Verhandlungen, und wenn die nicht zum Ziel führen, durch

Kriege. Zur Ausübung des Heiligen Krieges gehört gemäß ihrer Koran-Auslegung auch die Infiltration bzw. Migration in nichtmoslemische Länder, wie es derzeit überall in der Welt sichtbar ist. Hier sollten christliche Nationen aufhorchen, denn die moslemische Parole heißt: »Am Sabbat töten wir die Juden und am Sonntag die Christen.« Das beginnt damit, dass Moslems die Kulturen anderer Länder durchdringen und in Berufung auf die Religionsfreiheit ihrer Gastländer überall Moscheen errichten, es aber weder Juden noch Christen erlauben, in ihren Ländern, wie z. B. Saudi-Arabien, Synagogen und Kirchen zu bauen. All das geschieht mit dem Ziel, irgendwann einmal ihre Gastländer zum *Gebiet des Islam* zu erklären, um das per Heiligen Krieg gekämpft werden muss.

Ihr Angriff auf New York war nur die Ouvertüre für ihren Kampf gegen die christliche Welt. Daher ist es unverständlich, dass Kirchen und Politiker nicht wahrnehmen, dass ihre Dialoge mit den Moslems verhängnisvolle Einbahnstraßen sind, denn die kirchliche Toleranz wird nicht annähernd von den Moslems erwidert. Die Ausnahmen moderater Moslems werden zusehends weniger, weil ihr eigenes Leben in Gefahr ist, wenn sie den extremen Kurs der militanten Moslems nicht mitmachen. Dabei tritt immer deutlicher Jerusalem in den Brennpunkt, denn wer sich heute zu Israel bekennt, wird automatisch von den militanten Moslems verfolgt und bekämpft, und Firmen, die mit Israel wirtschaftliche Beziehungen unterhalten, werden boykottiert. Auch das ist ein Teil der Kriegsführung des *Djihad,* der bereits im Gange ist.

Hier muss noch erwähnt werden, dass der Koran aus zwei Teilen besteht: aus den Suren, die in Mekka verfasst wurden, und aus den Suren, die in Medina verfasst wurden. In Mekka buhlte Mohammed noch um die dort lebenden Juden und Christen. Daher sind die mekkanischen Suren juden- und christenfreundlich. Von Christen, die unbedingt den Dialog mit Moslems suchen, werden daher ausschließlich die Mekka-Suren zitiert. Als Mohammeds neue Religionsgemeinschaft jedoch weder von den Juden noch von den Christen akzeptiert wurde, wandte er sich von Mekka ab und floh nach Medina. Daher sind die in Medina verfassten Suren juden- und christenfeindlich. Von nun an möchte er alle Juden und Christen vernichten und ruft zum Heiligen Krieg gegen sie auf: »Allah befiehlt: Tötet sie, wo immer ihr sie zu fassen bekommt!« Die Suren von Medina werden daher von den Moslems zitiert, die gegen Juden und Christen Krieg und Terror führen. Die Medina-Suren stehen auch auf den grünen Stirnbändern der zum Heiligen Krieg geweihten Selbstmordterroristen. Diese Medina-Moslems lachen über die liberalen Dialogchristen und linken Israelis, die mit den Suren aus Mekka Frieden machen wollen, denn heute gelten nicht die Suren Mekkas, sondern die Welt wird von den Suren Medinas terrorisiert.

Der weltweite Terror geht heute von den Moslems aus. Dabei ist und bleibt Jerusalem ihr Ziel. Um dieses Endziel zu erreichen, schüchtern sie so lange die Israelfreunde ein, bis sich viele von ihnen, um ihrer eigenen Sicherheit willen, von Israel abwenden. Obwohl der Islam eine Mehrheitsreligion in den arabischen Ländern ist, sind sich seine Anhänger durchaus nicht immer in der Anwendung ihrer Glaubenssätze einig. Es gibt gravierende Unterschiede vor allem zwischen den gemäßigten Sunniten und fundamentalistischen Schiiten. Den Ölreichtum nutzten die Schiiten zu ihrer Radikalisierung aus, der für den Heiligen Krieg gegen Jerusalem notwendig ist, denn so feindlich sie gegeneinander sind, in der Jerusalemfrage sind sie sich alle eins. So sorgen islamischer Terror und arabischer Ölreichtum dafür, dass die Völker sich mehr und mehr dem Diktat der Moslems beugen und bei Abstimmungen in der UNO gegen Israel votieren. Und damit wären wir beim *falschen Propheten* (Offenbarung 19, 20), der zum Steighalter des *Antichristen* wird, der im Namen aller Völker den Krieg gegen Jerusalem erklären wird. Dann aber wird Gott für sein Volk Israel streiten, wie er es in Sacharja 12 verheißen hat.

Ich gehe jedes Jahr zu Weihnachten nach Bethlehem. Das Geschehen auf dem Krippenplatz ist so etwas wie ein Stimmungsbarometer. Als ich 1987 am Heiligabend auf dem Krippenplatz vor der Geburtskirche in Bethlehem unter den christlichen Pilgern angesichts der Weihnachtsprozession, angeführt vom lateinischen Patriarchen, die ersten schwarzen Fahnen mit den Schwertern Mohammeds sah, fotografierte ich sie und warnte in unserer NAI-Zeitschrift, dass dies der Anfang vom Ende sei, denn sie wagten sich bereits ohne Widerspruch der Kirchenführer unter das Christenvolk und proklamierten offen den Sieg Mohammeds. Aus Furcht vor den Moslems nennt der lateinische Patriarch von Jerusalem, Michel Sabbah, die Moslems seine »Brüder« und die Juden »Besatzer«, was vom Vatikan kritisiert wurde.

Um die Moslems besser zu verstehen, muss man ihren Lehrsatz, formuliert vom Korangelehrten Al-Ghazali, kennen, der wörtlich besagt:

»Wisse, dass die Lüge in sich nicht falsch ist.
Wenn eine Lüge der einzige Weg ist,
ein gutes Ergebnis zu erzielen, ist sie erlaubt.
Daher müssen wir lügen,
um das Ziel, das uns Allah auftrug, zu erreichen.«

Wie können da Juden und Christen, die von Gott zur Wahrheit verpflichtet sind, mit Moslems auf einen Nenner kommen?

Wenn Sie einmal Fotos von der Kaaba sehen, dem mit Teppichen umhängten Heiligtum in Mekka, dann achten Sie bitte auf die einen Meter hohe halbrunde Mauer vor dem Gebäude. Das war die Apsis einer judenchristlichen Kirche aus der vorislamischen Zeit. In einer Ecke dieses Baus wird der berühmte schwarze Meteorit gezeigt. Doch im Gebäude selbst befindet sich noch ein Taufbecken. 1936 waren die Moslems noch so frei und veröffentlichten diese archäologischen Tatsachen. Heute muss Derartiges verschwiegen werden, denn Moslems, die dies erzählen, werden als Verräter verfolgt. So wurde das Allerheiligste des Islam über einer judenchristlichen Kirche aus dem 6. Jh. errichtet. Genauso behaupten Moslems vehement, dass auf dem Tempelplatz in Jerusalem nie ein jüdischer Tempel gestanden habe und dass in ganz Jerusalem kein einziger Stein jüdisch sei, sondern alles allein mit dem Islam zu tun habe. Dies erklärte der Mufti von Jerusalem, Ikrami Sabri, in einem Interview der deutschen Zeitschrift »Die Welt«. Dass der Mufti so etwas behauptet, liegt in seiner Natur, doch dass die Zeitschrift »Die Welt« dies ohne Widerspruch abdruckte, erstaunte viele. Der Islam kam erst im Jahre 622 *nach* Chr. auf. Die archäologischen Funde aus der Zeit König Davids und vom Tempel König Salomons aber stammen aus der Zeit um 1000 *vor* Chr., und da behauptet der Mufti, dass in Jerusalem kein einziger Stein jüdischer Herkunft sei, sondern alle archäologischen Funde in Jerusalem allein islamischer Herkunft seien.

Den Juden gestehen die Moslems keinen Tempelplatz zu und ihre Kaaba in Mekka errichteten sie über einer Kirche. Damit wollen sie ihre Dominanz über Juden und Christen dokumentieren. In diesem Sinne ist der Islam als Religion eine Dämonie, die eine endzeitliche Rolle spielen wird, vielleicht die des falschen Propheten, denn der Islam ist schließlich die Religion des Propheten, des selbst ernannten Propheten Mohammed. So zieht der Islam jetzt schon die Welt in seinen Bann. Allein das Volk Israel und die Gemeinde Jesu werden von Gott vor dem Islam bewahrt, aber nur, wenn sie sich von der Liebe zur Wahrheit imprägnieren lassen.

LÖWENTOR:

JERUSALEM — WIEDER IN ISRAELS HÄNDEN

Das Löwentor (hebr. *Scha'ar HaAryot*) wird von vielen Christen auch Stephanustor genannt und hieß bei den Arabern früher »Marientor« (*Bab al-Marjam*), weil auf der Innenseite des Tores das Geburtshaus der Mutter Jesu gestanden haben soll. Der Legende nach hatte Suleiman der Prächtige einen Traum, in dem ihm befohlen wurde, die zerfallenen Mauern Jerusalems wieder aufzubauen, da ihn andernfalls der Zorn Gottes treffe und Löwen ihn zerreißen würden. Daraufhin baute er in den Jahren zwischen 1537 und 1546 Jerusalems Stadtmauer wieder auf und brachte an der Außenseite des Tores auf jeder Seite ein Paar Löwen an. Des Sultans Traumdeuter sagten ihm, dass dies die »Löwen Judas« seien.

Es ist wirklich ein schönes Tor, manche behaupten, es sei das schönste der acht Tore Jerusalems. Zu biblischer Zeit gab es zwölf Tore. Und im ewigen Jerusalem werden es wieder zwölf sein, benannt nach den zwölf Stämmen Israels. Besonders beeindruckend ist es, wenn am Palmsonntag die christlichen Pilger vom Ölberg bzw. von Bethpage kommend, am Garten Gethsemane vorbei, Palmwedel schwingend mit Halleluja-Gesang und Kyrie-eleison-Gebet durch das Löwentor zur Grabeskirche ziehen. Am Löwentor beginnt auch die jährliche Karfreitagsprozession, bei der Hunderte Christen auf der *Via Dolorosa* Kreuze tragend den Leidensweg Christi nachempfinden. An dem Ausgangspunkt unweit des Löwentores kann sich jeder *sein* Kreuz aussuchen: große und kleine, raue und polierte, einfache und verzierte. Mit viel Gestöhne tragen dann drei bis vier Pilger zusammen ein Kreuz zur Grabeskirche. Hinterher bringen Araberjungen für ein Bakschisch fünf bis sechs dieser Kreuze unter den Arm geklemmt wieder zurück zum Löwentor. All das kann man noch akzeptieren. Doch wenn amerikanische Christen nur mit einem Lendenschurz bekleidet, mit Ketchup beschmiert, das das Blut Jesu imitieren soll, mitziehen, denkt man schon an Blasphemie.

Das Löwentor hat schon vieles gesehen, auch den Einzug der Israelis am 7. Juni 1967. Daher nennen Zionisten es auch das »Tor der Wiedervereinigung« (hebr. *Scha'ar Hitachdut*). Um die Israelis aufzuhalten, verschlossen die Jordanier im Sechstagekrieg die schweren hölzernen, mit Eisen verkleideten Portale des Löwentores. Doch ein Halbkettenfahrzeug der israelischen Verteidigungskräfte durchbrach die Torflügel und damit war für die Israelis der Weg frei. Über die *Via Dolorosa* kehrten sie nach 2000-jährigem Exil nach Zion zurück.

Der Kampf um Jerusalem war für Israel besonders schwierig. Man wollte die Altstadt nicht mit Artilleriefeuer belegen oder aus der Luft bombardieren, um keinen Schaden an den heiligen Stätten anzurichten. So fiel die Entscheidung, um Jerusalem nur von Mann zu Mann zu kämpfen. Damit setzte Israel seine Soldaten größten Gefahren aus. Hinterher sah man, dass die Araber nicht so eingestellt waren, denn in Moscheen und Kirchen waren große Munitionslager untergebracht, was eine eklatante Missachtung der heiligen Stätten darstellte.

Weil das Löwentor so eng mit dem Sieg Israels über die jordanischen Besatzer Jerusalems und mit der Heimkehr der Juden nach Zion verbunden ist, ist hier ein kurzer Rückblick zu diesen schicksalsreichen Stunden unumgänglich, denn hier ging Gottes Verheißung in Erfüllung, dass er sein Volk wieder nach Zion zurückführen wird. Doch, so wie unter Moses und Josua jeder Fußbreit erkämpft werden musste, so musste auch jetzt wieder im wahrsten Sinne des Wortes jeder Fußbreit erkämpft werden. Daher nahmen sich die israelischen Soldaten das Wort aus 4. Mose 14,9 so zu Herzen, als wäre es ihnen heute aufgetragen: »Fürchtet euch nicht vor den Bewohnern des Landes! Denn wie einen Bissen Brot werde ich sie verspeisen. Der Schutz ihrer Götter ist von ihnen gewichen, aber mit uns ist der HErr: Fürchtet euch nicht vor ihnen!« Ebenso ermutigte sie das Wort aus 5. Mose 1,21: »Ihr wisst, dass der HErr, euer Gott, euch dieses Land verheißen hat; so zieht denn hinauf und nehmt es nach dem Befehl des HErrn, des Gottes eurer Väter, in Besitz: Nur fürchtet euch nicht und seid unverzagt!« Auch wenn der eigentliche Krieg nur sechs Tage dauerte, gingen ihm jahrelange Terroranschläge seitens der Ägypter und Syrer voran, die Israel mürbe machen sollten.

Verzweifelt versuchte die israelische Regierung unter Ministerpräsident Levi Eschkol die von Ägyptens Staatschef Gamal Abd el-Nasser heraufbeschworene Krise auf diplomatischem Wege beizulegen und sandte Außenminister Abba Eban zu den Regierungschefs der westlichen Welt. Die Mission war jedoch erfolglos und bewies wieder einmal, dass Israel im Notfall vor dem Feind allein dasteht. Von Freunden verlassen, von Feinden umringt und vom UN-Sicherheitsrat betrogen. Das ermutigte die Ägypter in ihrem Glauben, dass sie den Krieg gegen Israel gewinnen würden. Israel war von einer arabischen Streitmacht mit 250.000 Soldaten, 2.000 Panzern und 700 Kampfflugzeugen mit Unmengen von Bomben umgeben. Daraufhin bildete sich am 2. Juni, knapp vier Tage vor Ausbruch des Krieges, in Israel eine Regierung der Nationalen Einheit. General Mosche Dayan wurde Verteidigungsminister und Oppositionsführer Menachem Begin sowie Josef Sapir schlossen sich der Regierung als Minister ohne Portefeuille an. Mosche Dayan machte deutlich, dass jeder Tag, der einen Präventivschlag gegen Ägypten verzögerte, die Verluste der israelischen Streitkräfte erhöhen würde.

Am Montag, dem 5. Juni 1967, dem ersten Kriegstag, erklärte Verteidigungsminister Mosche Dayan:

»Soldaten der israelischen Verteidigungsarmee; wir haben keine Eroberungsziele. Unsere einzige Aufgabe ist es, den Versuch der arabischen Armeen, unser Land zu erobern, zum Scheitern zu bringen. Wir sind entschlossen, den eisernen Ring der Blockade und Aggression, die gegen uns gerichtet ist, zu durchbrechen. Die Ägypter mobilisierten für ihren Krieg gegen uns die Streitkräfte Syriens, Jordaniens und des Iraks, die sich ihrem Kommando unterwarfen. Diesen Armeen schlossen sich militärische Einheiten von Kuweit bis Algerien an. Sie sind uns zahlenmäßig weit überlegen. Doch wir können es mit ihnen aufnehmen. Wir sind ein kleines, aber mutiges Volk, friedwillig, doch bereit, für unser Land zu kämpfen. Die Bevölkerung wird sicherlich leiden müssen, doch die höchste Opferbereitschaft wird von euch verlangt werden, angefangen bei denen, die in den Verteidigungsgräben der Grenzstützpunkte antreten, bis zu denen, die beim Sturmangriff in den Panzereinheiten mitmachen. Soldaten der israelischen Verteidigungsarmee, wir setzen heute in euch unsere Hoffnung und unsere Siegesgewissheit!« Danach bat der Oberrabbiner der Armee, Schlomo Goren, Gott um seinen Segen und rief den Soldaten zu: »Fürchtet euch nicht und seid unverzagt!«

Um 7.45 Uhr begann die Schlacht. In den darauf folgenden drei Stunden flog die israelische Luftwaffe unter dem Kommando von Generalmajor Mordechai Hod einen Präventivschlag nach dem anderen, der die ägyptische Luftwaffe und ihre Flugplätze zerstörte. Im Tiefflug, unterhalb vom ägyptischen Radarschutz, zerstörten israelische Kampfflugzeuge die ägyptische Luftwaffe. Der Zeitpunkt für Israels Angriff wurde auf Grund der Annahme gewählt, dass sich zu dieser Zeit, gerade nach dem Frühstück, die meisten Piloten der ägyptischen Luftwaffe noch auf dem Weg zu ihren Stützpunkten befanden. Während dieses Angriffes wurden 19 ägyptische Luftstützpunkte im Sinai, im Nildelta, im Niltal und um Kairo in ungefähr 500 Einsätzen angegriffen, wobei von den 340 einsatzfähigen Kampfflugzeugen 309 zerstört wurden. Bis zum Abend war auch die jordanische Luftwaffe vollständig vernichtet, die syrische Luftwaffe verlor zwei Drittel ihrer Gesamtstärke und zahlreiche Flugzeuge wurden im Irak zerstört.

Am zweiten Tag des Krieges waren 416 arabische Flugzeuge zerstört. Die Israelis hatten dagegen nur 26 Flugzeuge verloren. Durch die brillante Aktion erreichte Israel in der Luft die unangefochtene Überlegenheit und konnte sich von da ab ganz auf die Bodentruppen konzentrieren.

Dass auch Jordanien mit in den Krieg eingriff, kam für Israel unerwartet, denn am Morgen des 5. Juni hatte Ministerpräsident Levi Eschkol durch Vermittlung von UNO-Generalsekretär Odd Bull dem jordanischen König versichert, dass Israel nicht mit Feindseligkeiten beginnen würde, wenn sich Jordanien aus den Kämpfen heraushält. Das hieß, dass Israel um des Friedens willen nicht an der Eroberung Jerusalems interessiert war, denn Jerusalem war schließlich unter jordanischer Besatzung. Doch König Husseins Verpflichtung in der neuen Allianz mit Ägypten und die hysterische Atmosphäre in der arabischen Welt wirkten zusammen und banden dem König die Hände. Zweifel, die König Hussein hatte, wurden durch Nasser ausgeräumt. In einem Telefongespräch erzählte der ägyptische Präsident dem jordanischen König genau das Gegenteil von dem, was wirklich war. Anstatt zuzugeben, dass seine gesamte Luftwaffe zerstört sei, log Nasser: »Israelische Flugzeuge wurden massenweise abgeschossen und ägyptische Panzer stoßen bereits durch die Negev-Wüste nach Israel vor.« Das überzeugte König Hussein und so griff auch Jordanien mit in den Krieg ein. Im Nachhinein weiß man, dass dies gottgewollt war. Denn nun gehörte auch Jerusalem zum Frontgebiet, was Israel ursprünglich nicht vorhatte. Damit waren die Würfel zur Eroberung Jerusalems gefallen. Israel führte dieselbe Strategie durch, wie sie Josua vor 3300 Jahren durchführte. Es schien, als orientierten sich Dayan und seine Generäle an der Bibel.

Um den jordanischen Nachschub aus dem Osten zu verhindern, kontrollierten sieben Panzer von Ben-Aris Brigade das Gebiet östlich des Ölberges. Plötzlich sahen sie eine arabische Stadt vor sich. Sie fragten im Hauptquartier nach, was das für eine Stadt sei und erfuhren, dass es sich um Jericho handelt, und weil sie schon so dicht vor dieser Stadt waren, die damals 40.000 Einwohner hatte, fuhren sie kurz entschlossen in die Stadt hinein und zu ihrer Überraschung sahen sie, wie sich die Bürger von Jericho mit weißen Fahnen ergaben. Damit hatte Israel auch den Zugang zu den Jordanbrücken und konnte jeglichen Nachschub unterbinden.

In der Nacht vom 5. auf den 6. Juni, eine Stunde vor Mitternacht, begann die historische Schlacht um Jerusalem. Nach einem Plan für den Artillerie- und Granatwerferbeschuss richteten Scheinwerfer vom Westteil der Stadt und von der Enklave auf dem Skopusberg ihre Lichtkegel auf die arabischen Militärstellungen, wie z.B. auf den *Munitionshügel;* nicht aber auf die Altstadt, so dass kurz nach zwei Uhr die arabischen Stellungen zerstört waren. Nun drangen Motta Gurs Fallschirmspringer, begleitet von Artilleriefeuer und der Aufklärungseinheit sowie Panzern der Jerusalem-Brigade, durch das Niemandsland zwischen dem Mandelbaumtor und der Polizeischule. Massenhaft Stacheldraht, Befestigungen, Gräben und Brustwehre zogen sich quer durch die Stadt. Dazu kam, dass die Jordanier mit dem Ostteil der Stadt gut vertraut waren, die Israelis dagegen unvorbereitet waren, weil sie ja nicht vorhatten, die Altstadt zu erobern. So mussten sich die Israelis durch unbekanntes Gelände durchschlagen. Zur gleichen Zeit beschossen die Jordanier von ihren fest platzierten Kanonen aus Westjerusalem, in dem 231.000 Juden lebten.

Oberst Mordechai (Motta) Gur, der dem Kommando von General Narkiss unterstellt war, beschreibt die Eroberung Jerusalems so:

»›Je schneller wir die Operation beenden, umso besser für Israel‹, gab mir der Generalstab Bescheid. Nun begannen wir mit der Ausführung von drei Plänen. Ich sandte sofort das erste Bataillon zum Ölberg. Doch leider auf einem Pfad, den der Feind kannte. Es blieb uns keine andere Möglichkeit, und deswegen hatten wir im Laufe dieser Aktion große Verluste. Die Burschen, die das Leben einbüßten, gehörten zu den Besten. Doch eins war klar, dieses Mal musste es klappen. Ich sage ganz klar: Wie hoch die Verluste auch sein mögen, dieses Mal werden wir die Augusta-Viktoria, Abu Tor und die Altstadt erobern. Keiner wird uns daran hindern. Das zweite Bataillon erhielt den Befehl, einen Frontalangriff mit dem Rücken zur Mauer durchzuführen. Dem dritten Bataillon stellte ich die Aufgabe, trotz schweren Feuers der Jordanier durch das Löwentor in die Stadt einzudringen, bis hin zum Tempelberg. Von einer erhöhten Position aus konnten wir den Kampf um die Altstadt verfolgen. Wir sahen schon die glänzenden Kuppeln.

Unsere Panzer schossen pausenlos. Dabei aber übten sie große Rücksicht auf die heiligen Stätten, die auf keinen Fall zu Schaden kommen durften. Das war ein Befehl von oben! Als ich nun sah, dass sich unsere Panzer der

Stadtmauer näherten, setzten wir uns in unser Kettenfahrzeug und bemühten uns, sie einzuholen. Mein Fahrer, ein bewährter Bursche, hieß Ben-Zur (Sohn des Felsens). Ich sagte ihm: ›Kadima — Vorwärts!‹, und schon rasten wir an brennenden Autos vorbei und sahen vor uns das Löwentor. Mit aller Kraft drückte Ben-Zur auf das Gaspedal und durchbrach das Portal des Löwentores.

Uns folgten alle Bataillone zu Fuß bis zum Tempelberg nach. Damit war die Eroberung des Tempelberges beendet und die Einheiten bereiteten sich für die Säuberung der restlichen Altstadt vor. In nur 36 Stunden kontrollierte Israel alle Zufahrtsstraßen zur Altstadt. Am Mittwoch, dem 7. Juni, war die Jerusalemer Altstadt wieder israelisch. Der jordanische Stadtgouverneur und der moslemische Kadi ergaben sich und teilten uns mit, dass sie keinen Widerstand mehr leisten werden. In den nur sechs Kriegstagen verloren die Ägypter 15.000, die Jordanier 6.000, die Syrer 1.000 und wir Israelis 700 Soldaten.

Ich erinnere mich noch ganz genau: Es war kurz nach zehn Uhr, als ein Fallschirmspringer, der zusammen mit seinen Kameraden durch das Löwentor eingedrungen war, plötzlich rief: ›Die Klagemauer, Jungs, ich sehe die Klagemauer, das ist die Klagemauer!‹ Seine Freunde, harte Kämpfer, verstaubt und verdreckt, ihre Gesichter unrasiert, weinten wie kleine Kinder, küssten die Mauer und beteten. Manche drückten einen Wunschzettel in die Ritzen der Steinquader. Die Soldaten umarmten sich, eine Einheit feuerte Ehrensalven ab und der Kommandeur der Einheit berichtete dem Brigadekommandanten: ›Der Tempelberg ist in unseren Händen, ich wiederhole, der Tempelberg ist in unseren Händen!‹

Jetzt traf der Oberrabbiner der Armee, General Schlomo Goren, ein. Erregt hob er eine Thorarolle hoch und blies danach ins Schofarhorn. Nach langen Jahren der Sehnsucht nach Zion erschallte der Klang des Widderhorns auf dem heiligen Platz vor der Klagemauer. Dann erklärte Goren: ›Die Klagemauer ist unser und von nun an werden wir sie nie wieder aufgeben!‹ Kurz darauf traf Generalstabschef Jitzhak Rabin und der stellvertretende Stabschef General Chaim Bar-Lev sowie der Kommandeur der Zentralfront Uzi Narkiss durch das Löwentor ein. Als David Ben-Gurion die Klagemauer sah, sagte er: ›Dies ist ein heiliger Tag für das jüdische Volk!‹ und Verteidigungsminister Mosche Dayan erklärte angesichts der Klagemauer: ›Wir haben das geteilte Jerusalem wieder vereint. Wir sind zurückgekehrt zur heiligsten unserer Stätten, um sie nie wieder zu verlassen!‹«

Hinterher berichteten israelische wie auch arabische Soldaten über seltsame Ereignisse, die sich in diesen sechs Kriegstagen abgespielt haben. Als Israels Einheiten auf den Golan vorrückten und einer starken syrischen Übermacht gegenüberstanden, fing es plötzlich an zu regnen. Im Juni aber regnet es im Orient nicht. Der letzte Regen fällt Anfang April. Da vermuteten die Syrer, dass es sich um israelischen Atomregen handele und verließen fluchtartig ihre Stellungen, so dass die Israelis ein relativ leichtes Spiel hatten, die Golanhöhen zu erobern. Syrische Kriegsgazetten berichteten darüber und beschuldigten Israel, Atomwaffen angewendet zu haben.

Der Regen dauerte nur eine Stunde. Der aber reichte, um als Verbündeter Israel beizustehen.

Jordanische und ägyptische Soldaten berichteten, dass sie eine große weiße Hand gesehen haben, die ihnen solche Furcht einjagte, dass sie ihre schweren Militärschuhe auszogen, um schneller fliehen zu können. Fotos mit den in der Wüste zurückgelassenen Schuhen gingen rund um die Welt, nur die weiße Hand, die sah man auf den Fotos nicht. Wegen dieser weißen Hand mussten sich etliche ägyptische Offiziere vor dem Kriegsgericht verantworten. Gott hat zu biblischer Zeit mit übernatürlichen Zeichen eingegriffen, warum sollte er es nicht auch heute tun?

Dass die Befreiung Jerusalems so eng mit dem Löwentor verbunden war und nicht mit einem der anderen Tore, weist auf die am Tor angebrachten »Löwen Judas« hin, ist doch im übertragenen Sinn der Löwe ein Sinnbild für das Volk Israel (4. Mose 24, 9–10) und die Stämme Judas (1. Mose 49, 9). Dazu kommt, dass der Messias aus dem Stamme Juda stammt. Daher wird Christus auch der »Löwe von Juda« genannt (Offenbarung 5, 5), der für sein Volk und für seine Gemeinde streitet.

Durch alle Jahrtausende haben Israels Feinde versucht, das Volk Gottes zu vernichten. Angefangen mit dem Pharao in Ägypten, über Nebukadnezar und die Römer bis hin zu Hitler. Als die Israelis nun wieder in ihrer Jerusalemer Altstadt waren, erfuhren sie einen neuen Beweis dieser ewigen Feindschaft, denn das jüdische Wohnviertel der Stadt war in der 19-jährigen Herrschaft der Jordanier bis auf die Grundmauern zerstört. 52 Synagogen und jüdische Bethäuser fielen dem arabischen Judenhass zum Opfer. Die Jordanier streuten auf die Ruinen Salz mit der symbolischen Bedeutung, dass fortan an dieser Stelle kein jüdisches Leben mehr entstehen kann. Aus Synagogen machten sie Pissoirs, Mülldeponien und Eselställe. Selbst die große Hurva-Synagoge verschonten sie nicht. Heute erinnert nur ein wiedererbauter Bogen an ihre imposante Größe. Die jahrtausendealten jüdischen Grabsteine auf dem Ölberg und im Tal Josaphats (Kidrontal), von denen etliche noch aus der Zeit der Könige und Propheten stammen, haben sie herausgerissen und damit ihre Straßen und Kasernenhöfe gepflastert – alles vor den Augen der UNO, die nichts unternahm, um dies zu verhindern. Die Araber waren der Überzeugung, dass es keine Heimkehr des jüdischen Volkes nach Jerusalem mehr geben wird.

Doch da haben sich die Jordanier genauso geirrt wie Pharao, Nebukadnezar, die Römer und Hitler, denn das jüdische Volk hat alle seine Feinde überlebt, nicht weil es tapferer, klüger oder zahlreicher wäre, sondern, weil sich der Allmächtige dazu verpflichtet hat, sie bis ans Ende der Weltgeschichte durchzutragen:

»Fürchte dich nicht, denn ich habe dich erlöst; ich habe dich bei deinem Namen gerufen: Du bist mein! Sooft du durchs Wasser gehst: Ich bin bei dir, und durch Ströme: Sie sollen dich nicht überfluten! Sooft du durchs Feuer gehst: Du sollst nicht versengt werden, und die Flamme soll dir nichts antun! Denn ich, der HErr, bin dein Gott, ich, der Heilige Israels, bin dein Retter; ich gebe Ägypten als Lösegeld für dich hin (was im Sechstagekrieg erneut geschah), Äthiopien und Saba an deiner statt. Weil du so kostbar bist in meinen Augen, so wertvoll für mich, und ich dich lieb gewonnen habe, darum gebe ich Länder als Lösegeld für dich hin und Völker für dein Leben. Fürchte dich nicht, denn ich bin mit dir: Vom Aufgang der Sonne will ich deine Volksgenossen heimbringen und vom Sonnenuntergang dich sammeln; ich will dem Norden gebieten: Gib sie heraus! und dem Süden: Halte sie nicht zurück! Ich bringe meine Söhne aus der Ferne heim und meine Töchter vom Ende der Erde.« (Jesaja 43, 1–6)

JAFFATOR:
JERUSALEM — STADT DER PILGER

Wer vom Westen her Jerusalem besucht, betritt die Heilige Stadt durch das Jaffator (hebr. *Scha'ar Jaffo*) und staunt über seine Schönheit. Dieses Tor erhielt seinen Namen, weil von hier aus die Straße zur Hafenstadt Jaffo (Joppe) führt und *jaffe* heißt übersetzt *schön.* Daher ist es im doppelten Sinn ein »schönes Tor«. Die Araber nennen es *Bab el-Khalil,* was »Tor des Freundes« bedeutet. Mit dem »Freund« ist Erzvater Abraham gemeint. So lautet die Torinschrift, die Suleiman der Prächtige im Jahre 1538 anbringen ließ: »Es gibt keinen Gott außer Allah, und Abraham ist sein Freund.« Doch seine Grundmauern, die man heute außerhalb parallel zur Mauer sieht, gehen auf die Zeit Hesekiels (560 v. Chr.) zurück.

Südlich vom Jaffator erhebt sich die Davidszitadelle, jene Festung, die König Herodes (37–4 v. Chr.) erbaute. In seinem Verfolgungswahn tötete er seine Frau Mariamne, hinterher suchte er sie überall in der Zitadelle und rief dauernd ihren Namen. Noch heute meint man, sein Rufen zu hören, ebenso die Fanfaren der Kreuzfahrer, die im Jahre 1099 in Jerusalem einzogen und unter der Bevölkerung ein grausames Blutbad anrichteten. Durch Blut watend zogen sie danach zur Grabeskirche, um dort ihre Schwerter »Christus, dem König des Friedens« zu weihen. Eigentlich war die Südseite der Mauer

(Zitadelle) mit der Nordseite verbunden, doch als im Jahre 1898 der deutsche Kaiser Wilhelm II. das Heilige Land besuchte, ließ der türkische Sultan dieses Zwischenstück einreißen, damit seine kaiserliche Hoheit, ohne vom Pferd steigen zu müssen, in die Heilige Stadt einreiten konnte. Danach wurde daraus eine Autostraße für Anlieger und Taxen.

Vom Turm des Jaffatores hat man einen herrlichen Blick über die Zinnen der Stadtmauer und auf den Westteil der Stadt. Wer das Jaffator betritt, sieht, dass in einem der beiden Eisenportale eine kleine Tür ist. Das ist solch ein *Nadelöhr*, von dem Jesus spricht, dass leichter ein Kamel durchs Nadelöhr geht als ein Reicher ins Himmelreich (Matthäus 19, 24). Zu biblischer Zeit wurden bei Anbruch der Dunkelheit die großen Tore geschlossen. Kaufleute, die mit ihren Karawanen später eintrafen, durften selbst noch durch das kleine Tor in die Stadt, nicht aber ihre mit Waren beladenen Karawanen, daher blieben sie lieber draußen, um bei ihrem Reichtum zu bleiben. Gleich links nach dem Tor im Innern der Stadt befinden sich zwei Grabsteine. Hier ruhen die Baumeister der Stadtmauer, die, weil sie die Stadt im Süden verkleinert hatten, auf Suleimans Befehl enthauptet wurden.

Während andere berühmte Städte ihre Bedeutung, Macht und Herrlichkeit vorzugsweise natürlichen Bedingungen, z. B. ihrer beherrschenden Lage an Flüssen, Meeren oder im Kreuzpunkt großer Verkehrsstraßen, den Reizen ihrer Natur oder der Fruchtbarkeit ihrer Umgebung verdanken, glänzt Jerusalem, die bedeutungsvollste und berühmteste aller Städte der Welt, gerade durch die Abwesenheit dieser natürlichen Vorzüge. Einsam in der Wüste dastehend, auf hartem Felsenboden erbaut, ohne reiche Vegetation, ohne Fluss, und sieht man von der kleinen Gihon-Quelle ab, auch ohne Quellen, dazu fernab aller internationalen Verkehrsadern und ohne eigenen Flugplatz, verdankt Jerusalem seine einzigartige Bedeutung seiner ewigen Erwählung Gottes. Das ist der Grund, warum Jerusalem, obwohl so bar aller Vorzüge anderer Weltmetropolen, die umkämpfteste aller Städte war, ist und sein wird. Shanghai hat 17 Mio. Einwohner, Mexiko 12 Mio., Kairo 9 Mio., New York 8 Mio. und Berlin 3,5 Mio. Einwohner, um nur einige Großstädte der Welt zu nennen. Jerusalem hat dagegen nur 650.000 Einwohner und ist doch die begehrteste aller Städte in der Welt.

Dass Jerusalem für Juden, Christen und Moslems eine wichtige Stadt ist, ist bekannt. Was aber haben die Völker anderer Religionszugehörigkeit mit Jerusalem zu tun? Liegt doch für die gesamte Völkerfamilie, zusammengeschlossen in den Vereinten Nationen (UNO), Jerusalem, Israels Hauptstadt, im Brennpunkt des Geschehens. Um kein Land in der Welt werden so viele UN-Resolutionen verabschiedet, wie um Israel bzw. um Jerusalem. Da fragt man sich, was hat Angola in Afrika und Brunei in Asien oder Alaska in Nordamerika und Uruguay in Südamerika mit Jerusalem zu tun – und doch stimmen sie gegen Israel ab, als wäre Israel ihr feindlicher Nachbar.

Demgegenüber schreibt der Psalmist in Psalm 122:
»Ich freute mich, als man mir sagte:
Lasst uns ziehen zum Hause des HErrn!

Nun stehen unsere Füße in deinen Toren, Jerusalem.
Jerusalem, du wiedererbaute Stadt,
eine Stadt, die fest in sich geschlossen,
in der man zusammenkommen soll,
wohin die Stämme hinaufziehen, die Stämme des HErrn,
wie es geboten ist dem Volke Israel,
zu preisen daselbst den Namen des HErrn.
Denn dort stehen die Throne Gottes,
die Throne des Hauses Davids.
Wünschet Jerusalem Frieden/Heil!
Heil denen, die dich lieben!
Friede herrsche vor deinen Mauern,
sichere Ruhe in deinen Palästen!
Um meiner Brüder willen will ich dir Heil wünschen;
um des Hauses des HErrn, unseres Gottes, willen
will ich Segen für dich erbitten!«

Schon zur Zeit des ersten Tempels wallfahrten Juden aus allen zwölf Stämmen Israels nach Jerusalem hinauf, so, wie es der Allmächtige befohlen hat (2. Mose 23, 17; 34, 23; 5. Mose 16, 16). Wenigstens dreimal im Jahr soll man nach Jerusalem hinaufziehen, um dort das Passah-, Schawuoth- und Laubhüttenfest zu feiern. Jeder, der nach Jerusalem reist, »zieht hinauf«, auch wenn er von Ortschaften kommt, die viel höher liegen als Jerusalem. Sein Weg nach Jerusalem, das nur 800 Meter über dem Meeresspiegel liegt, ist immer ein Weg hinauf, denn wer zum Hause Gottes zieht, und kommt er auch vom Himalaja, zieht Gott entgegen und das heißt »hinauf«. Darum heißen die Einwanderer, die nach Zion heimkehren *Olim,* was von *aliya* herkommt und »hinaufziehen« heißt.

Während der Zeit des zweiten Tempels regierte das Königreich Juda über das ganze Land und so versammelten sich alle Bewohner des Landes gemeinsam mit den Diasporajuden, die aus Babylon, Alexandria, Äthiopien, Syrien, Rom und Kleinasien anreisten, um in Jerusalem das Laubhüttenfest (Sukkoth) zu feiern. Sie kamen auch zu den anderen Wallfahrtsfesten (Pessach/Passah und Schawuoth/Pfingsten) nach Jerusalem hinauf. Die Menge der jüdischen Pilger wurde von dem römischen Statthalter Gesius Florius (64–66) wie folgt berechnet:

Er zählte an einem Pessachfest 256.500 dargebrachte Lämmer. Wenn jeweils zehn Pilger als eine Familie ein Lamm opferten, so kam er nach der Überlieferung von Flavius Josephus auf insgesamt 2.565.000 Pilger, die sich während der Pessachwoche in Jerusalem aufhielten. Hierbei muss man berücksichtigen, dass sich diese 2,5 Millionen Pilger nicht alle zur gleichen Zeit in Jerusalem aufhielten, sondern dass während der Pessachwoche ein Kommen und Gehen zu verzeichnen war und dass der Großteil der Pilger im Freien lagerte, und zwar in einem Umkreis von 30 Kilometern.

Gott ließ seinen Tempel an einem Ort bauen, wo die Pilger beim Opfern ihrer Opferlämmer zusehen konnten, wie der Rauch als Dank und Gebet zum Himmel emporstieg. Die Tempel und Opferstätten der Heiden dagegen liegen vom Volk uneinsehbar auf einem Berggipfel. Gottes Tempel aber liegt umgeben von höher gelegenen Bergen auf einem niedrigeren Niveau, damit jeder von den umliegenden Bergen aus, wie z. B. vom Ölberg, die Opferdarbringung der Priester und die »schönen Gottesdienste im Hause des HErrn schauen kann« (Psalm

27, 4). Das Volk sollte Augenzeuge dessen sein, was Gott tut, um hinterher seine Herrlichkeit rühmen zu können.

Bereits zur Zeit Jesu, genauer gesagt zur Zeit Herodes des Großen (37–4 v. Chr.), befand sich das Tor, das heute *Jaffator* genannt wird, neben der Residenz des Herodes. Jeder, der zum König wollte, musste durch dieses Tor, so auch die Weisen aus dem Morgenland, die nach Jerusalem kamen, um hier dem neugeborenen König der Juden ihre Referenz zu erweisen. Weil es sich um einen König handelte, fragten sie naturgemäß in der königlichen Residenz nach, was König Herodes, der unter Verfolgungswahn litt, aufschrecken ließ. Daher zogen die Weisen hinterher heimlich durch das *Essenertor,* das ganz im Süden der Stadt lag, und von dem heute nur noch die Fundamente zu sehen sind, nach Bethlehem.

In der Weihnachtszeit sieht man in Kirchen und Privathäusern Krippen in allen Variationen: das Jesuskind, umgeben von Maria und Josef, den Hirten und den »drei Königen«. Die Bibel (Matthäus 2, 1–12) sagt nicht, dass es drei, und auch nicht, dass es Könige waren. Weil jedoch davon die Rede ist, dass sie Gold, Weihrauch und Myrrhe darbrachten, entstand die Annahme, dass es sich um drei Personen handeln müsse. Im Orient spricht man von zwölf und auch nicht von Königen, sondern von Magiern, was dem griechischen Text gerecht wird, denn da heißt es, dass *Magier* aus dem Morgenland kamen.

Als Heimat der Weisen bzw. Magier kommt nur Babylon (Mesopotamien) in Betracht. Hier entstand bereits im 3. Jahrtausend v. Chr. eine rege mathematische Tätigkeit, in die auch die Astronomie mit einbezogen wurde und welche um 300 v. Chr. ihre Blüte erreichte, die noch heute Staunen erregt. Sonnen- und Mondfinsternisse sowie die Stellungen der Planeten wurden auf viele Jahrzehnte im Voraus mit verblüffender Genauigkeit berechnet. Die ausübenden Gelehrten waren als Magier (griech. *Mágoi*) eine Art besondere Kaste von Priestergelehrten, die im ganzen Land Observatorien mit angeschlossenen Mathematik- und Astronomieschulen unterhielten. Eine riesige Zahl von Keilschrifttafeln gibt über ihre beobachtende und rechnende Tätigkeit ein beredtes Zeugnis. Die letzte bekannte Keilschrifttafel dieser Art stammt aus dem Jahre 75 n. Chr.

Die Diskussion um den Stern von Bethlehem als astronomisches Ereignis eröffnete Johannes Kepler (1571–1630) anlässlich der Supernova vom 10.10.1604. Er berechnete, dass sich die dreifache Konjunktion der Sterne Jupiter und Saturn im Sternbild der Fische im Jahr 7 v. Chr. ereignete, dem tatsächlichen Geburtsjahr Jesu. Im biblischen Bericht sind mehrere Fachausdrücke enthalten, die nur den Astronomen bekannt sein konnten, wie z. B.: der »Aufgang« des Sternes, nämlich sein erstes Erscheinen am Morgenhimmel aus den Strahlen der Sonne (Frühaufgang, heliaktischer Aufgang); ferner, dass der Stern »vor ihnen (am Himmel) einherging« und dass er »still stand« (der scheinbare Stillstand des Planeten in den Umkehrpunkten seiner jährlichen Bahnschleife).

Als »Stern« kommt nur Jupiter in Frage. Er hieß auf Akkadisch, der babylonischen Sprache, *kakkabu pisu* (weiß glänzender Stern). Der akkadische Name für Saturn war *kaimanu* (hebr. *kewan*) und in babylonischer Deutung der Planet Israels, was auch Amos (5, 26) bestätigt. Das ganze Ereignis fand im Sternbild der Fische statt, das in babylonischer Deutung (*amurru*) dem Land Israel zugeordnet war. 1925 entzifferte der deutsche Gelehrte Schnabel eine Keilschrifttafel von der Sternwarte in Sippar, Babylonien, die die Ereignisse des Jahres 7 v. Chr., dem Geburtsjahr Jesu, enthält. So nimmt man an, dass der Text dieser Keilschrifttafel den Weisen bekannt war, woraufhin sie sich auf den Weg nach Jerusalem machten, um nicht nur dem »neugeborenen König der Juden« ihre Referenz zu erweisen, sondern um auch die Richtigkeit ihrer Berechnungen vor Ort zu überprüfen.

Die babylonische Deutung lautet: Der babylonische Gott Marduk suchte mit seinem Jupiter-Stern den Stern Israels (*Kewan* – Saturn), um den Gott Israels herauszufordern. Sein »Aufgang« kündigte die Geburt des großen Königs in *amurru* (Israel) an. Von diesem König Israels mussten die Magier von den Juden gehört haben, die seit dem babylonischen Exil (587 v. Chr.) in Babylon lebten. Die Magier, die zugleich Priester waren, interessierten sich für alles Religiöse, also auch für den Messias der Juden, daher heißt es in Matthäus 2, 10: »Da sie *den* Stern erblickten, wurden sie hocherfreut!« Mit dieser Botschaft zogen die Weisen aus dem Morgenland als erste Kundschafter des Evangeliums durch das Jaffator.

Durch alle Jahrhunderte hindurch zogen Kaufleute und Pilger, die vom Hafen Jaffo kamen, durch das Jaffator in Jerusalem ein. Auf dem Weg zwischen Jaffo und Jerusalem (60 km) passierten sie den Hügel, auf dem das Grab des Propheten Samuel liegt. Weil sie von dort aus zum ersten Mal Jerusalem sehen konnten, priesen sie Gott, dass er sie bis dahin bewahrt hatte und stimmten Dankeshymnen an. Aus diesem Grund heißt dieser Hügel auch »Halleluja-Berg«. Historiker haben herausgefunden, dass von 1.000 Pilgern, die Trier oder Rom verließen, um ins Heilige Land zu reisen, wegen der vielen Gefahren am Wege nur 30 wieder in ihre Heimat zurückkehrten. Dennoch haben sie es immer wieder gewagt! Im Jahre 1054 brach Erzbischof Liedebert von Cambrai in Nordfrankreich mit 3.000 Pilgern ins Heilige Land auf – ein unglaubliches Unternehmen in einer Zeit, in der an jeder Kreuzung der Tod lauerte. Es mussten zerklüftete Berge erklommen und die Gefahren unergründlicher Sümpfe umgangen werden. Es gab endlose und undurchdringliche Wälder voller wilder Tiere. Südlich von Belgrad sahen die Pilger aneinander gekettete Christen, die als Sklaven zum Verkauf angeboten wurden. Manche Wegstrecken waren markiert mit gekreuzigten Pilgern. Daraufhin entschied sich Liedebert, die Pilgerfahrt abzubrechen und nach Frankreich zurückzukehren.

Die spektakulärste Pilgerfahrt fand im Jahre 1064 statt. Sie bestand aus einem Heer von 12.000 Pilgern aus allen Teilen Deutschlands. Die Führer dieser Pilgerfahrt waren der Erzbischof Siegfried von Mainz und Gunther von Bamberg, die Bischöfe von Utrecht und Otto von Regensburg und viele religiöse Häupter, die große deutsche Städte und Klöster repräsentierten. Der Expeditionszug nahm den Landweg, in der Hoffnung, das Heilige Grab in Jerusalem rechtzeitig zum Weltuntergang zu erreichen, der laut Berechnungen am 27. März 1065 stattfinden sollte. Das Endresultat dieser Pilgerreise war, dass mehr als zwei Drittel der Pilger von Moslems ermordet wurden und all ihr Gold, Juwelen und andere Preziosen, mit denen sie ihre Körper und Esel beladen hatten, von den moslemischen Armeen erbeutet wurden, die die Pilgerschar schon sehnlichst erwartet hatten. Der armselige Rest schleppte sich nackt und verwundet nach Deutschland zurück. Keiner von jenen, die in Passau und Regensburg auszogen, um durch das Jaffator in die Heilige Stadt einzuziehen, bekam je die Heilige Stadt, geschweige denn das Grab Christi, zu sehen.

Das Jaffator hat alle Wirren der Zeit überdauert, hat Höhen und Tiefen des Tourismus miterlebt. In manchen Jahren kamen Millionen Pilger und Touristen nach Israel und in anderen Jahren waren es ganz wenige, die sich im Schatten seiner bollwerkartigen Türme ausruhten. Als der Pilgertrend abnahm, nahm die Zahl der Neugierigen und Forscher zu, die dem Heiligen Land seine Geheimnisse zu entlocken suchten. Sie wollten vor Ort sehen, ob die Bibel wirklich Recht hat, ob die Steine wirklich reden, wenn die Theologen schweigen, wie Jesus es andeutete. Dabei berührten sie die riesigen Quadersteine des Jaffatores genauso wie die der Klagemauer, als hätten sie ein zerbrechliches kostbares Kleinod in ihren Händen. Irgendwie wurden alle von der Ausstrahlung Jerusalems überwältigt. Jerusalem hat eben etwas, was Paris und New York, St. Petersburg und Wien nicht haben – Jerusalem ist eben die Stadt Gottes. Das bekannten Jerusalembesucher wie:

Benjamin von Todela und Ludwig August Fränkl, Mark Twain und Albert Einstein, Theodor Fliedner und Dora Rappard, Leonard Bernstein und Axel Springer, Titus Tobler und Moses Montefiore, Carsten Niebuhr und Arnold von Harff, Franz von Assisi und General Gordon, Konrad Adenauer und Johannes Rau, Eduard Ohnesorge und Steven Spielberg, Theodor Herzl und Lord Balfour, Mönch Arculf und Hieronymus, Selma Lagerlöf und Ludwig Schneller, Sven Hedin und Zubin Mehta, David Roberts und Billy Graham, Papst Johannes Paul II. und Michail Gorbatschow, Elie Wiesel und Jimmy Carter, Rita Süßmuth und Richard von Weizsäcker, Gerhard Schröder und Kirk Douglas — und vielleicht auch Sie?

Um zu erfahren, was Jerusalem wirklich ist, muss man Jerusalem besuchen, seine Atmosphäre einatmen, die zugleich heiligt und heilt, beglückt und beseelt, aber auch Schwarmgeister ernüchtert.

Heute kommt noch eine andere Komponente zu dem üblichen Jerusalembesuch hinzu, das ist die Solidaritätsbekundung dem Staat Israel gegenüber, dass Jerusalem Israels ewige und ungeteilte Hauptstadt ist. Besonders in Zeiten der Unruhen, in denen Israel von den vielen Völkern geächtet wird, ist jeder Israelbesucher ein Freund. Er bekundet damit nicht nur seine Solidarität Israel gegenüber, sondern in erster Linie seine Solidarität gegenüber den Verheißungen Gottes, die Gott Israel gegeben hat und die nun vor aller Augen in Erfüllung gehen. In dem bereits erwähnten Psalm 83 heißt es:

»O Gott, *deine* Feinde toben und die *dich* hassen, tragen das Haupt hoch! Gegen dein Volk ersinnen sie Anschläge und beraten sich gegen deine Schutzbefohlenen und sagen: Kommt, wir wollen sie vertilgen als Volk; des

Namens Israel soll man fürder nimmermehr gedenken! Ja, sie haben einmütigen Sinnes sich beraten, ein Bündnis gegen *dich* geschlossen.«

Die Feindschaft der Israelgegner richtet sich also in erster Linie gegen Gott. Daher gilt im umgekehrten Sinn unsere Solidarität Israel gegenüber auch in erster Linie Gott. Wer gegen Gottes Verheißungen ist, ist damit gegen Gottes Willen, denn Gott hat sich bei der Vergabe der Verheißungen etwas gedacht, d. h., wer gegen Gottes Willen ist, ist damit gegen Gott selbst.

Wie kann man zeugnishafter Israel bzw. Gott gegenüber Solidarität bekunden, als sich überall zu seinem Volk Israel und damit zu Gott zu bekennen und Israel zu besuchen. Wenn sich Gott zu seinem Volk Israel bekennt, wer bin ich, dass ich dies nicht nötig hätte oder mir wegen der Sünden Israels dafür zu fromm vorkäme, heißt es doch unmissverständlich in Hesekiel 36 und Sacharja 1:
»So hat Gott, der HErr, gesprochen: Nicht um euretwillen, Haus Israel, greife ich ein, sondern um meines heiligen Namens willen, den ihr unter den Heiden überall entehrt habt. So will ich denn meinen großen Namen, der unter den Heiden entheiligt worden ist, weil ihr ihn unter ihnen entheiligt habt, wieder zu Ehren bringen, damit die Heiden erkennen, dass ich der HErr bin, wenn ich mich vor ihren Augen an euch als den Heiligen erweise, indem ich euch aus den Heidenvölkern heraushole und euch aus allen Ländern sammle und euch wieder in euer Land zurückbringe.« »Darum spricht der HErr also: Ich bin mit großem Eifer für Jerusalem und für Zion erfüllt und hege heftigen Zorn gegen die sorglos dahinleben-

den Heidenvölker, die, während ich über Israel ein wenig erzürnt war, ihrerseits noch zusätzliches Unheil hinzugefügt haben. Darum spricht der HErr: Ich habe mich Jerusalem voll Erbarmen wieder zugewandt.«

Jerusalems Tore stehen weit offen, besonders das Jaffator lädt mit offenen Armen alle Israelfreunde ein. Welch ein Anblick, wenn Tausende Juden und Christen mit wehenden Fahnen und Transparenten: »Israel, du bist nicht allein!« durch das Jaffator ziehen, um Israel angesichts aller seiner Feinde ihre Liebe und Solidarität zu zeigen. Reihen auch Sie sich mit ein in die Schar derer, die durch ihren Israelbesuch das jüdische Volk segnen.

GOLDENES TOR:

JERUSALEM – STADT DES MESSIAS

Auf Hebräisch heißt das Goldene Tor *Scha'ar HaRachamim* – »Tor der Barmherzigkeit«, weil man durch dieses Tor zum Tempel, in die Gegenwart Gottes kam, der seinem Volk Barmherzigkeit erweist. Die Araber nennen es *Bab el-Tobe* – »Tor der Reue«. Vor dem Goldenen Tor befindet sich ein moslemischer Friedhof. Erstens wollen die Moslems damit verhindern, dass der Messias am Ende der Tage durch dieses Tor in Jerusalem einzieht, denn als jüdischer Hohepriester darf er keinen Friedhof betreten und zweitens ruhen hier die Moslems, die am Jüngsten Tag den gefährlichen Gang über das Schwert Mohammeds, das – ihrer Legende nach – über dem Kidrontal liegen soll, vermeiden wollen.

Zu biblischer Zeit führte vom Allerheiligsten des Tempels aus geradlinig ein Priesterweg durch das Goldene Tor hindurch zur Spitze des Ölbergs, wo alljährlich am Vorabend des Versöhnungstages die rote Kuh geopfert wurde, deren Asche der Entsündigung diente (4. Mose 19). Durch dieses Tor zog Christus in Jerusalem ein und von der Stelle des Entsündigungsaltares auf dem Ölberg fuhr er gen Himmel. Daher errichteten die ersten Christen dort eine achteckige Himmelfahrtskirche, die später von den Moslems in eine Moschee umgewandelt wurde.

Es heißt: Wenn die Juden aus dem Exil heimkehrend durch das Löwentor einziehen, beginne die Zeit der *Geburtswehen des Messias*, der bald darauf durch das Goldene Tor in Jerusalem einziehen werde. Daher hat das Goldene Tor den Beinamen *Tor des Messias*.

Das Goldene Tor ist eines der ältesten Tore Jerusalems, es wird schon in 2. Chronik 23, 5 als *Jesod* – »Grundtor« erwähnt. Zu spätbiblischer Zeit hieß es *Scha'ar Schuschan HaBirah* – »Tor der Hauptstadt Susa«, weil es nach Susa in Persien, der Stadt des Propheten Daniel, weist. Die ganze Toranlage, von außen gemessen, ist 25 Meter lang und 17 Meter breit. Im Innern des Tores wird die Torhalle durch zwei, der Königin von Saba zugeschriebene, monolithische Säulen von 8, 30 Meter Höhe in zwei Schiffe aufgeteilt. Die Gesamtanlage zeigt, dass sie weder römisch noch byzantinisch und auch nicht suleimanisch ist, sondern aus biblischer Zeit stammt. Nur das äußere hölzerne Tor wurde von Suleiman durch eine Mauer ersetzt. Noch zur Kreuzfahrerzeit (12.–13. Jh.) wurden die hölzernen Portale zweimal im Jahr geöffnet: zum Palmsonntag und Karfreitag. Auf der Madaba-Mosaikkarte aus dem 6. Jh. führt durch das Goldene Tor eine Straße, d. h., es war damals noch geöffnet.

Als Mosche Dayan im Juni 1967 den Tempelplatz besichtigte und das Goldene Tor von der Westseite aus sah, ließ er die mächtigen hölzernen Innenportale öffnen und erklärte dabei: »Diese Seite können wir öffnen, die andere kann nur der Messias auftun!« Und als ich zum ersten Mal im Innern des Goldenen Tores war, war ich wie berauscht von der architektonischen Schönheit. Ich berührte die wunderschönen Säulen und Stuckverzierungen aus biblischer Zeit, die noch so frisch wie vor 2500 Jahren schienen. Daher kann ich *Anonymus von Piacenza* verstehen, der im Jahre 570 n. Chr. dieses Tor *Porta speciosa* – »schöne Pforte« nannte. Aus dieser »schönen Pforte« wurde dann der Name »Goldenes Tor«.

Wer frühmorgens vom Ölberg aus auf das Goldene Tor blickt, empfindet, als strahle dieses Tor einem neuen heilsgeschichtlichen Tag entgegen. Manchmal erinnert mich dieses Tor an den engen Durchlass einer Sanduhr, denn biblisch besehen, entscheidet sich das Endzeitgeschehen hier in Jerusalem auf dem Tempelplatz, der wie ein Zeittrichter alles aufsaugt. 2000 Jahre lang zog das jüdische Volk von Land zu Land, von Ghetto zu Ghetto. Auch wenn sie täglich für ihre Heimkehr nach Zion beteten, nichts rührte sich, die Jahre schleppten sich so dahin, als höre Gott ihre Gebete nicht. Genauso war es beim ersten Exodus. 400 Jahre flehten die Israeliten in Ägypten um Befreiung aus dem Sklavenhaus Pharaos und nichts tat sich. Als Gott endlich eingriff, überschlug sich alles, da hatten sie nicht einmal Zeit ihren Brotteig vorschriftsmäßig säuern zu lassen, sondern mussten wegen der Eile ihres Auszugs ihr Brot mit ungesäuertem Teig backen. In Erinnerung an den übereilten Auszug aus Ägypten isst das jüdische Volk bis auf den heutigen Tag zu Pessach acht Tage lang ungesäuertes Brot (Mazzoth).

So ist das Goldene Tor das Tor, das uns an die Ankunft des Messias erinnert. Doch kurz bevor der Messias erscheint, der das Volk Israel in seiner Gesamtheit erlöst, übt der Antimessias, der Widersacher des Messias, noch einmal seine brutale Macht gegen Gottes Volk aus, d. h., je massiver die Angriffe des Antimessias gegen Gottes

Volk werden, desto näher ist der wahre Messias. 400 Jahre litten die Israeliten in Ägypten in sich steigernder Form, doch erst als der Pharao ihre Knaben in den Nil werfen ließ, was einem Holocaust gleichkam, begann die Befreiung der Israeliten. So steigerte sich auch in der fast 2000-jährigen Zerstreuung der Juden unter alle Völker die Leidenshärte, die in dem unbeschreiblich leidvollen *Holocaust* (dt. Brandopfer) bzw. *Schoa* (dt. Vernichtung) gipfelte, in dem 6 Millionen Juden, darunter 1,5 Millionen jüdische Kinder, nur weil sie Juden waren, vernichtet wurden. Dennoch gilt auch hier die Aussage des Psalmisten (66, 12): »Du hast Menschen über unser Haupt dahinfahren lassen. Wir sind durch Feuer und Wasser gegangen. Aber du hast uns herausgeführt ins Weite.«

In der jüdischen Apokalyptik wird der Antimessias bald als gewalttätiger Tyrann, dessen Bild die Züge des syrischen Königs Antiochus IV. Epiphanes (1. Makkabäer 1) und des römischen Kaisers Caligula trägt, geschildert und bald als Verführer, der nicht durch Gewalt, sondern durch trügerische Zeichen und Wunder seine Herrschaft aufrichtet. In rabbinischen Quellen, wie z.B. *Midrasch WaJoscha*, wird der Antimessias »Armilos« genannt, was auf »Ahriman«, den Geist des Bösen und der Finsternis, zurückgeführt wird, der ein Deckname der Gründer Roms, »Romulus und Remus«, ist. Jerusalem und Rom sind auch heute noch Gegenspieler, früher militärisch, danach religiös und heute politisch.

Aus dem Judentum ist die Gestalt des Antimessias in die christliche Eschatologie übergegangen, in der dafür der Name *Antichrist* erscheint, denn *Messias* heißt in

Griechisch übersetzt *Christos.* Daher sind vom Sprachlichen her der *Antimessias* und *Antichristus* eine Person (1. Johannes 2, 18 u. 22; 4, 3 u. 2. Johannes 7). In der christlichen Eschatologie ist der Antichrist ein Tyrann, als dessen Vorbild die römischen Kaiser Nero und Domitian gelten, der, ehe der wahre Messias/Christus erscheint, in Jerusalem sein Reich aufrichten, im wiedererbauten Heiligtum Gottes thronen (Offenbarung 11, 1–2) und göttliche Anbetung verlangen wird.

Zu allen Zeiten gab es Ereignisse, die Juden wie auch Christen zu der Annahme verleiteten, dass sie in der Endzeit leben. Als ich einmal gegenüber dem Goldenen Tor auf dem jahrtausendealten Ölberg-Friedhof saß und auf das »Tor des Messias« schaute, war mir, als zögen all die vermeintlichen Antimessiasse bzw. Antichristusse an mir vorüber. Es war wie eine Zeitreise in apokalyptische Sphären, so wie der Religionsphilosoph Martin Buber es beschrieb, dass nach jeweils vier Generationen ein »falscher guter Messias« auftaucht, um sein Volk vor der Assimilation zu bewahren. Immer dann, wenn das jüdische Volk in Gefahr war, sein Judentum abzulegen, tauchte ein Tyrann auf, der sie zwang, wieder Juden zu sein und Judenzeichen zu tragen, damit ihnen ein Assimilieren unmöglich wurde. Oder es tauchte ein falscher Messias auf, der ihnen vorgaukelte, dass er der Messias sei, worauf sich die vor der Assimilation stehenden Juden wieder neu zu ihrem Judentum bekannten und dadurch vor dem Abfall bewahrt wurden. Die Erkenntnis, dass dies ein falscher Messias war, war das kleinere Übel – sie hatten ihr Judentum neu entdeckt und blieben Juden.

Bereits die 960 jüdischen Zeloten der Festung Massada am Toten Meer waren in Anspielung auf Daniel 7, 25-27 davon überzeugt, dass 3 ½ Jahre nach der Zerstörung Jerusalems der Messias erscheinen wird. Nur deshalb hielten sie bis zum letzten Atemzug (73 n. Chr.) gegen die Römer durch. 60 Jahre später wagte *Bar Kochba*, dessen eigentlicher Name *Bar Kosiba* war, was übersetzt »Lügensohn« heißt, einen Aufstand gegen die Römer. Damit er vom Volk als Messias akzeptiert wurde, nannte Rabbi Akiva ihn *Bar Kochba*, was an Bileams Vision (4. Mose 24, 17) vom »Sternensohn« erinnert. Sein Aufstand endete nach 3 ½ Jahren im Jahre 135 n. Chr. mit einer folgenreichen Niederlage, denn danach begann die endgültige Zerstreuung der Juden unter alle Völker. Kaiser Hadrian zahlte seine Söldner aus: ein Drittel in barer Münze, das zweite Drittel mit einer Landparzelle (Latifundie) irgendwo im römischen Großreich und das dritte Drittel bestand aus jüdischen Sklaven. Auf diese Weise kamen die Juden in alle Welt, von Rom bis nach Britannien, und Judäa wurde in *Palaestina* umbenannt.

Als der römische Kaiser Diokletian (284—305) die Christen aufs Grausamste verfolgte, sah man darin Zeichen, dass Christus in Kürze erscheinen werde. Daraufhin flohen die damaligen Judenchristen in die Negev-Wüste und versteckten sich in der verlassenen Nabatäerstadt Nizzana und, wenn die Situation es erforderlich machte, in den weißen Höhlen, die nur 1000 Meter davon entfernt liegen. In dem riesigen Höhlenlabyrinth hatten Tausende Menschen Platz. Sie verstanden sich als das Weib, von dem Johannes in der Offenbarung 12 schreibt: »Da floh das Weib in die Wüste, wo sie eine von

Gott bereitete Stätte hat, um sich dort 1260 Tage (3 ½ Jahre) lang ernähren zu lassen.« Der Messias kam nicht, doch die Hoffnung auf sein Kommen wurde weitergereicht.

Bisher wurden Juden und Christen gleichermaßen von den Römern verfolgt. Als jedoch im Jahre 313 Kaiser Konstantin das Christentum zur Staatsreligion erhob, konzentrierte sich die Verfolgung auf die Juden. Und dreizehn Jahre später, auf dem Konzil zu Nicäa, beschlossen die Kirchenväter, dass fortan alle christlichen Feste von den jüdischen wenigstens um eine Woche voneinander getrennt sein müssen, damit jede Verwandtschaft des Christentums zum Judentum ausgelöscht wird. Feierten die Christen bis dahin noch die biblisch-jüdischen Feste, eben nur mit neutestamentarischer Auslegung, so stand dies nun unter Strafe. Hieronymus, einer der vier großen Kirchenväter, ließ sich gar zu der Äußerung herab, dass, »wer noch die jüdischen Gebräuche beachtet, mag er Juden- oder Heidenchrist sein, ein dem Teufel verfallener Bösewicht sei«.

Unter dem Schutz des Kaisers errichteten die Christen ihren Gottesstaat auf Erden. Dafür schauten die verfolgten Juden nun stärker denn je nach dem Kommen des Messias aus. Aus dieser Sehnsucht heraus ließen sie sich erneut irreführen. Als der römische Kaiser Julian Apostata an die Macht kam (361–363), wollte er in Jerusalem den zerstörten Tempel wieder aufbauen, worin die Juden eine Voraussetzung für das Kommen des Messias sahen, damit der Messias, wenn er erscheint, in Jerusalem in sein Haus einziehen kann. Als der Kaiser jedoch getötet wurde und der angefangene Tempel einem Erdbeben zum Opfer fiel, wurden die Juden umso härter verfolgt.

Dann aber schlug das Verfolgungspendel zur christlichen Seite aus. Die Goten unter Alarich plünderten im Jahre 410 Rom, was für die Christen dem Weltuntergang gleichkam. Kaum hatten sie sich von diesem Schrecken erholt, kamen im Jahre 452 Attilas Hunnen. Durch das Verhandlungsgeschick Papst Leo I. wurde jedoch eine Zerstörung Roms verhindert. Aus Schriften der Kirchenväter geht hervor, dass sich daraufhin viele Christen auf die Ankunft Christi vorbereiteten und all ihr Hab und Gut den Armen gaben. Doch Christus kam nicht – das Goldene Tor blieb weiterhin verschlossen.

Im Heiligen Land blühte zu dieser Zeit die byzantinische Kirche. Überall im Land entstanden Kirchen und Klöster. Es gab kaum einen Platz im Heiligen Land, der nicht zur heiligen Stätte erklärt und mit Kirchen überbaut wurde. Davon profitiert heute noch die griechisch-orthodoxe Kirche, die Rechtsnachfolger vieler dieser Kirchen und Klöster ist. Als die Byzantiner sich so in Sicherheit wähnten, wurden sie im Jahre 614 von den Persern überfallen. Der byzantinische Kaiser Heraklius konnte jedoch die Perser wieder vertreiben. Doch der Jubel dauerte nicht lange, denn am 20. August 636 besiegten die moslemischen Araber am Jarmuk die Christen und zogen 638 siegreich in Jerusalem ein. Auch wenn die Christen von den neuen Herren geduldet wurden, breitete sich eine panikartige Endzeitstimmung unter den Christen des Heiligen Landes aus, so dass viele nach Konstantinopel flohen, in der Meinung, dass Christus nun in der »Hauptstadt des Christentums«, wie Konstantinopel damals genannt wurde, erscheinen werde.

Als Mohammed im Jahre 622 von Mekka nach Medina floh, begann für die Moslems nicht nur die neue Zeitrechnung, sondern auch die Pflicht, per *Djihad* (Heiligem Krieg) die Welt zu erobern, was von den Christen anfänglich nicht ernst genommen wurde, bis sie aber mit ansehen mussten, wie Mohammeds Krieger ein Land nach dem anderen eroberten und mit den Christen, die sich weigerten, Allah anzubeten, kurzen Prozess machten, indem sie alles niedermetzelten, was sich ihnen entgegenstellte. In dieser Zeit bekam Mohammed von den Kirchenvätern den Beinamen *Antichrist*. Manche sahen und sehen heute noch in ihm und seiner Religionsgemeinschaft den *falschen Propheten,* weil der Islam die Religion des Propheten (Mohammed) ist.

Als sich 1096 im christlichen Abendland die Kreuzfahrer für ihren Zug ins Heilige Land sammelten, begannen die grausamen Judenmassaker. Im Namen Christi wurden auf dem Wege nach Jerusalem die Judenghettos geplündert und ihre Bewohner ermordet. Das machte den überlebenden Juden in allem Leid Hoffnung, dass der Messias nun bald erscheinen wird, um sie zu erlösen. Doch dem war nicht so, das Goldene Tor blieb weiterhin verschlossen.

So schleppte sich die Hoffnung auf das Kommen des Messias von Generation zu Generation. Und als die Juden im Jahre 1492 von den Inquisitoren aus Spanien vertrieben wurden, hofften sie, dass Kolumbus für sie das Reich der Zehn Stämme entdecken wird, wo sie in Ruhe und Frieden auf den Messias warten konnten. Wieder irrten sie sich, denn seine Stunde war noch nicht gekommen.

Als Folge der Reformation brach ein Blutrausch aus, jeder sah in dem Andersgläubigen einen Ketzer. So bekämpften sich Katholiken und Protestanten, Hugenotten und Hussiten, was im Dreißigjährigen Krieg gipfelte, der halb Europa verwüstete. Zeitgenossen, wie Paul Gerhardt, sahen in diesem Kriegswüten die von Christus vorhergesagte Drangsalszeit (Matthäus 24). Christliche Mystiker errechneten, dass im Jahre 1666 Christus erscheinen würde. Eine Endzeithysterie brach aus, die viele Christen auf die Scheiterhaufen brachte. Und als der Religionswahn durch die Hinwendung zur Vernunft abgelöst wurde, wurde es nicht besser, denn nun fielen Tausende den Guillotinen der Französischen Revolution zum Opfer. Die Vertreter der Toleranz waren nicht menschenfreundlicher als die Religionsfanatiker.

1881 tobte in Russland ein Pogrom gegen Juden. Juden, die sich retten konnten, flüchteten nach Eretz Israel, das damals unter türkischer Hoheit stand. Dieses Pogrom war einer der Beweggründe des Wiener Journalisten Theodor Herzl, im Jahre 1897 den Ersten Zionistenkongress in Basel einzuberufen. Herzls Idee vom »Judenstaat« und seine damit verbundenen Vorbereitungen kamen gerade rechtzeitig, denn 1914 brach der Erste Weltkrieg aus. 1917 erschütterte die bolschewistische Oktoberrevolution das bis dahin bestehende Weltsystem. Im gleichen Jahr zog der britische General Allenby in Jerusalem ein und entriss den Türken das Heilige Land. Damit trat das Endzeitgeschehen in eine neue und vielleicht letzte Phase, denn alle bisherigen Trübsale, so verführerisch sie auch auf den kommenden Messias hindeuteten, waren wertlos, weil alle in der Bibel genannten Endzeitzeichen mit dem nach Israel heimgekehrten jüdischen Volk in Verbindung stehen – und das war bis dahin nicht der Fall.

Dann kam Hitlers »Endlösung der Judenfrage«, mit der er das vollenden wollte, was die Römer im Jahre 70 n. Chr. nicht geschafft hatten. 6 Millionen Juden wurden umgebracht. Als 1945 das Ausmaß der Judenvernichtung offenbar war, schrieben berühmte Zionisten: »Herzl, du hast dich geirrt, es gibt keinen Judenstaat, denn es kann keinen mehr geben!« Kleinlaut zogen sich die Juden und Christen zurück, die in Herzls Zionismus die Vorbedingung für das Kommen des Messias sahen, denn angesichts von Auschwitz und Buchenwald konnte es keinen Judenstaat mehr geben.

Doch dann rief für alle Welt überraschend David Ben-Gurion am 14. Mai 1948 den Judenstaat aus und 1967 zogen die Israelis in Jerusalem ein. Viele konnten diese Realität nicht fassen:
»Als der HErr Zions Missgeschick wandte,
da war's uns, als träumten wir.
Unser Mund war voll Lachens
und unsere Zunge voll Jubels.
Unter den Heiden sagte man:
Der HErr hat Großes an ihnen getan!
Ja, Großes hat der HErr an uns getan!« (Psalm 126)

Doch anstatt dass nun der Messias erschien, erschienen die Araber, die die Juden ins Meer treiben wollten. Israel musste sich gegen drei große Existenzkriege (1948, 1967, 1973) behaupten. Parallel dazu verbündeten sich die Völker gegen Israel. Ungeachtet dessen aber kehrten Juden aus über 140 Nationen nach Zion zurück, die Wüste wurde wieder ein Garten und Städte, die 1800 Jahre in Trümmer lagen, wurden als jüdische Siedlungen wieder aufgebaut. Weil alles genau so in Erfüllung ging, wie Gott es z. B. durch die Propheten Hesekiel (Kapitel 36), Amos (9, 13–15), Joel (4) und Sacharja (12) ankündigte, wissen wir, dass das, was noch aussteht, zu seiner Zeit genauso in Erfüllung gehen wird. Das Goldene Tor hat alle Zeiten überdauert, um uns daran zu erinnern, dass eher Himmel und Erde vergehen, aber nicht Gottes Wort. Nicht Gottes Wort ist fehlerhaft, sondern unsere von Ungeduld getriebene Auslegung seines Wortes.

Durch alle Zeiten gab es Zeichen, die darauf hindeuteten, dass der Messias kommt. Doch er kam nicht, denn das wichtigste Erkennungszeichen seines Kommens fehlte, nämlich Jerusalem als Brennpunkt. Jerusalem war in den Jahren zwischen 70 n. Chr. und 1967 nur eine Pilgerstadt, allenfalls eine archäologische Sehenswürdigkeit. Jetzt aber rückt Jerusalem in seine endzeitliche Position und damit in den Brennpunkt. Jerusalem ist bereits für seine umliegenden (moslemischen) Völker ein Taumelbecher (das erklärt den Selbstmordterrorwahn), wodurch Jerusalem für alle Völker der Erde (UNO) zum Laststein (Sacharja 12, 2–3) wurde. 1948 eroberten die Israelis große Gebiete von Eretz Israel, aber nicht das biblische Kernland und Jerusalem. 1967 eroberten sie die Altstadt Jerusalems, überließen aber den Moslems den Tempelplatz. Damit konzentriert sich heute der Brennpunkt auf den 144.000 qm (360 mal 400 Meter) großen Tempelplatz, für den die Moslems in den Heiligen Krieg ziehen wollen. So geht es nun nicht mehr um Land und Stadt, sondern um den eigentlichen Brennpunkt, den Tempelplatz: konzentrierter kann der Brennpunkt nicht mehr werden.

Wieder glauben wir — wie unsere Glaubensväter vor uns —, dass der Messias noch in unserer Generation kommen wird und sich das Goldene Tor öffnet. Das hält uns glaubensmäßig wach und bereit. Und sollte er nicht zu unserer Zeit kommen, dann gehörte unsere Hoffnung zu den »*guten* falschen Hoffnungen«.

ISRAEL
ZWISCHEN LEGENDE UND TATSACHE

Bei Diskussionen tauchen immer wieder stereotype Phrasen auf, die zum Teil aus der arabischen Propaganda stammen. Wer dagegen um die Tatsachen weiß, kann zwischen Lüge und Wahrheit unterscheiden. Mir geht es nicht darum, Israelfans zu befriedigen, sondern um nachprüfbare Fakten, die die Feindpropaganda als Lüge entlarven. Die Menschen sind niemals kriegslüstern, solange sie nicht durch Propaganda vergiftet werden. Daher muss man sie gegen Propaganda immunisieren, indem man ihnen immer wieder die Wahrheit vor Augen hält. Am Anfang war das Wort und nicht die Propaganda. Nicht die Propaganda wird am Ende sein, sondern die Wahrheit. Dass vor der Wiederkunft Christi die Lüge überhand nehmen wird, schreibt der Apostel Paulus in seinem zweiten Brief an die Thessalonicher (2, 8—12):

»Dann wird der Gesetzlose offen hervortreten, den der Herr Jesus durch den Hauch seines Mundes wegraffen und durch den Eintritt seiner Ankunft vernichten wird, ihn, dessen Auftreten sich als Wirksamkeit des Satans kundgibt durch alle möglichen Machttaten, Zeichen und Wunder der Lüge und durch jede Art von trügerischer Verführung für die, welche deshalb verloren gehen, weil sie die Liebe zur Wahrheit sich nicht zu Eigen gemacht haben, um ihre Rettung zu erlangen. Aus diesem Grunde sendet Gott ihnen starken Irrwahn, damit sie der Lüge Glauben schenken; denn alle sollen dem Gericht verfallen, die nicht der Wahrheit Glauben geschenkt, sondern Wohlgefallen an der Ungerechtigkeit gefunden haben.«

Wer also die Lüge mehr liebt als die Wahrheit, wird mit dem Irrwahn bestraft, fortan jeder Lüge zu glauben. Martin Luther sagte: »Die Lüge ist wie ein Schneeball; je länger man ihn wälzt, je größer wird er.« Genauso ist es mit den Legenden, die über Israel verbreitet werden, je öfter sie wiederholt werden, desto glaubhafter erscheinen sie den Menschen, die »die Liebe zur Wahrheit sich nicht zu Eigen gemacht haben« und daher in den Strudel des »Irrwahns der Lüge« gezogen werden, denn die schlimmste Lüge ist, wenn man sich selbst belügt. Ein arabisches Sprichwort sagt: »Eine Lüge, die uns dient, ist besser als eine Wahrheit, die uns schadet.« Mit solcher Art arabischer Propaganda, die jede Lüge rechtfertigt, die gegen Israel ist, haben wir es heute zu tun.

Auf den folgenden Seiten werden gegen Israel gerichtete Legenden aufgedeckt, wohl wissend, dass bei denen, die die Lüge mehr lieben als die Wahrheit, auch die Nennung von Tatsachen vergebliche Liebesmüh ist.

Man sagt:
Der Staat Israel ist eine künstliche Schöpfung der Vereinten Nationen (UNO), hat aber in Wirklichkeit kein historisches Existenzrecht.

Die Tatsache ist:
Israel hat eine ununterbrochene Geschichte, die älter ist als die der meisten anderen Nationen. Seine Geburtsurkunde ist in der Bibel verankert, d. h. mindestens 3300 Jahre alt. Selbst in der Zeit, als die Juden unter alle Völker zerstreut waren, blieb das Land Israel für das Volk Israel reserviert. Die fremden Völker waren nur Hindurchziehende. Das jüdische Volk war dagegen immer mit seiner Heimat verbunden und pflegte als gemeinsame Sprache die Sprache der Bibel. Die Legitimität des Staates Israel war nicht vom Votum der Vereinten Nationen abhängig, sondern sie bestand durch alle Zeiten.

Man sagt:
Die Zionisten hätten sich auch ein anderes Land als ausgerechnet Palästina aussuchen können.

Die Tatsache ist:
Ende des 19. Jh.s führte das Aufleben von religiösem und rassistischem Antisemitismus zu neuen Judenverfolgungen in Russland und Europa. Damit starb für die dort lebenden Juden die Hoffnung auf Gleichheit und Toleranz und löste die jüdische Auswanderung nach Eretz Israel aus, das damals zum türkischen Reich gehörte. Herzls zionistische Bewegung, die 1897 in Basel gegründet wurde, war die Antwort auf den Antisemitismus. Zur gleichen Zeit wanderten Juden, die nichts von Herzls zionistischer Bewegung wussten, aus Marokko, Jemen, Irak und der Türkei in Eretz Israel ein. Sie folgten dem inneren Ruf, der sich mit der Verheißung aus Hesekiel (36, 24) deckte, dass Gott sie in ihr Land *zurückbringen* will, also dorthin, wo sie hergekommen waren. Das

war nicht Uganda oder Polen, nicht die USA oder Spanien, sondern eindeutig Eretz Israel.

Dazu erklärte 1917 der britische Außenminister Lord Balfour: »Die Regierung seiner Majestät betrachtet in Palästina das Entstehen einer nationalen Heimstätte für das jüdische Volk mit Zustimmung. Sie wird ihr Möglichstes tun, die Durchführung dieses Unterfangens zu erleichtern.« Die damalige Weltmacht England, Mandatsherr über Palästina, unterstützte genauso wie die Mehrheit der Mitgliedstaaten der Vereinten Nationen die Gründung des Judenstaates in der biblischen Heimat des jüdischen Volkes. Auch Emir Faisal, der spätere König des Irak, der auf der Pariser Friedenskonferenz 1919 die arabische Seite vertrat, schrieb: »Die Araber, besonders die Gebildeten unter uns, schauen mit tiefer Sympathie auf die Zionistische Bewegung. Wir heißen die Juden *zu Hause* herzlich willkommen.«

Man sagt:
Palästina war von jeher ein arabisches Land.

Die Tatsache ist:
Palästina war nie ein arabisches Land. Obwohl nach der islamischen Invasion im 7. Jh. das Arabisch zur Sprache der Mehrheit der Bevölkerung wurde, gab es in Eretz Israel nie einen arabischen Staat und auch nie eine palästinensisch-arabische Nation. Die palästinensischen Araber hatten zu keiner Zeit ein selbstständiges Staatswesen oder irgendeine Form politischer und sozialer Identität. Der palästinensisch-arabische Nationalismus ist eine Erscheinung, die erst nach dem Ersten Weltkrieg aufkam. Der Begriff des *palästinensischen Volkes*

taucht erstmals im Jahre 1964 auf, kreiert von PLO-Chef Jassir Arafat. Seit der Zerstörung Jerusalems im Jahre 70 n. Chr. gab es durch alle Zeiten hindurch jüdisches Leben im Heiligen Land. Ob in Jerusalem oder in Safed, in Jaffa oder Tiberias, überall blühten jüdische Gemeinden. Und bei der ersten Volkszählung in Jerusalem im Jahre 1844, noch lange vor Beginn der zionistischen Bewegung, hatte die jüdische Bevölkerung gegenüber den Christen und Moslems bereits die absolute Mehrheit.

Man sagt:
Palästina war ein fruchtbares Ackerbaugebiet, bevor die Zionisten kamen.

Die Tatsache ist:
Jahrhundertelang war Palästina nur spärlich bevölkert und viele Teile des Landes lagen verwildert da. Kahle Hügel, sandige Wüsten und mit Malaria verseuchte Sumpfgebiete herrschten vor. Im Bericht der Königlichen Palästina-Kommission heißt es im Jahr 1913:

»Auf der Straße von Gaza nach Norden sah man keine Bäume, keine Obst- oder Weingärten. Die Häuser waren aus Lehm errichtet. Fenster gab es keine. Die Bewohner benutzten Holzpflüge. Die Erträge waren kärglich. Die hygienischen Einrichtungen befanden sich in einem erschreckenden Zustand. Schulen existierten nicht.«

Mark Twain, der 1867 Palästina besuchte, schrieb: »Eine Einöde, die von keiner Phantasie mit dem Glanz von Leben und Bewegung geschmückt werden könnte. Wir sahen auf dem ganzen Weg (zwischen Jaffa und Jerusalem) kaum einen Baum oder Strauch. Selbst Olivenbäume und Kakteen, sonst die treusten Freunde wertloser Böden, hatten dieses Land fast ganz verlassen.«

Wer dem nicht glaubt, sollte sich die 100 Fliegerfotos unter die Lupe nehmen, die das Deutsche Palästina-Institut 1917 unter Aufsicht von Gustav Dalman für das Bayerische Kriegsarchiv machen ließ. Auf den großen gestochen scharfen Plattenaufnahmen findet man nur dort, wo sich ein Kloster oder eine Ansiedlung befand, vereinzelte Bäume. Auf diesen Fotos, die damals noch nicht manipuliert werden konnten, liegt Palästina bar jeglicher Vegetation da. Selbst die von Natur aus so fruchtbare Jesreel-Ebene zeigt sich nackt und bloß.

Erst mit der Rückkehr der Juden, den rechtmäßigen Eigentümern des Landes, wachte das Land aus seinem Dornröschenschlaf auf und die Wüste wurde wieder ein fruchtbarer Garten, wie es in Hesekiel 36, 24 u. 34–35 heißt: »Ich, der HErr, will euch aus den Heidenvölkern herausholen und euch aus allen Ländern sammeln und euch wieder in *euer* Land zurückbringen. Dann soll das verödete Land aufs Neue bestellt werden, während es zuvor als Wüste vor den Augen aller Vorüberziehenden dagelegen hat. Dann wird man sagen: Dieses Land, das verödet dalag, ist wie der Garten Eden geworden.«

Man sagt:
Der größte Teil des Gebiets, das den Staat Israel ausmacht, war ursprünglich arabisches Eigentum.

Die Tatsache ist:
Nach Statistiken und Rechenschaftsberichten der britischen Mandatsregierung waren vor der Staatsgründung Israels 8,6 % des Gebiets jüdisches Eigentum, 3,3 % waren im Besitz von in Palästina lebenden Arabern, 16,5 % gehörten Arabern, die im Ausland lebten,

und mehr als 70 % gehörten der Mandatsregierung, d. h. gehörten privatbesitzrechtlich niemandem. Diese 70 % gingen 1948 nach internationalem Recht auf Israel über. Araber, die aus irgendwelchen Gründen das Land verlassen hatten und ihr Land, jene 16, 5 %, herrenlos zurückließen, wurden 1937 von den Briten eingeladen zurückzukehren, und falls ihnen die direkte Nähe zu Juden nicht zusagte, wurden ihnen andere Ländereien angeboten. Nur 347 Araber machten von diesem Angebot Gebrauch.

Man sagt:
Der Terror gegen die Juden begann erst mit der Staatsgründung Israels.

Die Tatsache ist:
Schon lange vor Israels Staatsgründung versuchten Araber die nach Zion heimgekehrten Juden durch Terror mürbe zu machen und sie zur Aufgabe ihrer zionistischen Idee zu zwingen. Als die Briten mit ins Schussfeld der Araber kamen, gaben sie ihre in der Balfour-Erklärung gemachte Zusage auf, Israel zu unterstützen, und förderten die Interessen der Araber, z. B.:
1929: Araber griffen 21 jüdische Siedlungen an und ermordeten in Hebron 66 Juden.
1936: In Jaffa ermordeten Araber 16 Juden und verbrannten Felder und Plantagen jüdischer Kibbuzim.
1938: Araber sprengten Eisenbahnlinien in die Luft und schnitten damit Jerusalem von der Umwelt ab.
1941: Der Mufti von Jerusalem, Haj Amin al-Husseini, rief in Berlin alle Welt auf, die Juden umzubringen, wo immer man sie trifft.

1946: Beim *Schwarzen Schabbat* durchsuchten britische Truppen jüdische Kibbuzim und Wohnungen und nahmen 2.700 jüdische Widerstandskämpfer fest, konfiszierten ihre Waffen und richteten mehrere Juden öffentlich hin. Nun besaßen fast nur noch die Araber Waffen.

1948: Drei Monate vor der Staatsgründung bombardierten Araber jüdische Häuser in Jerusalem, wobei 65 Juden umkamen. In *Kfar Etzion* töteten Araber über 100 Juden, darunter 22 Kleinkinder, und ermordeten 78 Angestellte des Hadassah-Krankenhauses.

Hieraus ersieht man, dass Israels Staatsgründung nicht der Auslöser für den Terror war, sondern dass der Terror schon vorher tobte. Die Selbstverteidigung der Juden wurde dagegen von den Briten verurteilt und bekämpft.

Man sagt:
Israel war der Aggressor im Krieg von 1948.

Die Tatsache ist:
Bereits während der UN-Debatte von 1947 drohten die Araber mit Krieg gegen Israel, während Israel ihnen in der UNO die Hand des Friedens hinhielt. Sofort nachdem die UNO für den Teilungsplan stimmte, begannen die Araber mit Krieg, um die UN-Resolution zu verhindern. Sie verminten Straßen, riegelten jüdische Siedlungen ab und überfielen jüdische Konvois. Araber brachten 35 jüdische Studenten auf dem Weg zur Hebräischen Universität um und töteten 78 jüdische Ärzte und Krankenschwestern des Hadassah-Krankenhauses. Schon im Januar 1948 drangen syrische und jordanische Einheiten in Palästina ein und griffen jüdische Siedlungen an.

Assam Pascha, der Generalsekretär der Arabischen Liga, erklärte in Kairo: »Es wird ein absoluter Ausrottungskrieg werden, ein entsetzliches Massaker, von dem in der Geschichte einmal gesprochen werden wird wie von den Kreuzzügen und den Blutbädern der Mongolen.«

Trygve Lie, der damalige UN-Generalsekretär, schrieb in seinem Buch *In der Sache des Friedens:* »Von der ersten Dezemberwoche 1947 an begannen die Unruhen in Palästina anzusteigen. Die Araber hatten wiederholt angekündigt, dass sie bei einer Teilung Palästinas mit Waffengewalt Widerstand leisten würden.«

Jamal Hussein erklärte dem Weltsicherheitsrat am 16. April 1948, also einen Monat vor Israels Staatsgründung: »Die Vertreter der jüdischen Administration hielten uns entgegen, dass sie nicht die Angreifer waren, sondern dass die Araber den Kampf begonnen hätten. Wir streiten das nicht ab, denn wir haben der ganzen Welt vorher gesagt, dass wir zu Mitteln der Gewalt greifen werden.«

Man sagt:
Die jüdischen Gräueltaten verursachten 1948 eine Massenflucht der arabischen Bewohner Palästinas.

Die Tatsache ist:
Als am 14. Mai 1948 David Ben-Gurion die Unabhängigkeit des Staates Israel ausrief, erklärten sechs arabische Staaten dem eben geborenen Judenstaat den Krieg. Den für die damalige Zeit militärisch gut ausgerüsteten Armeen aus Ägypten, Syrien, Jordanien, Saudi-Arabien, dem Libanon und dem Irak mit zusätzlichen freiwilligen

Truppen aus anderen arabischen Ländern standen insgesamt 650.000 in Israel lebende Juden gegenüber, von denen viele alte und kranke Holocaustüberlebende waren, und die dazu noch fast unbewaffnet waren. Da lag es auf der Hand, dass die arabischen Ligastaaten diesen Krieg gewinnen würden. So ist es nicht verwunderlich, dass die Mehrheit der Araber das Land verließ, denn die arabischen Kriegsherren riefen über Rundfunk ihre Volksgenossen in Israel auf: »Im Namen Allahs, verlasst für wenige Tage eure Erde (Heimat), denn unsere Bomben können nicht zwischen Juden und Araber unterscheiden!« Ferner versprachen sie ihnen, hinterher die Häuser der »ins Meer getriebenen Juden« plündern zu dürfen. 630.000 Araber folgten diesem Ruf. Doch sie flohen nicht vor den Bomben der Israelis, sondern vor den Bomben ihrer arabischen Brüder! Nachdem die Israelis wider Erwarten als Sieger hervorgingen, waren die geflohenen Araber außerhalb Israels.

Damit begann das palästinensische Flüchtlingselend. Nun taucht die Frage auf, warum Israel diese Araber nicht wieder zurückgelassen hat. Es stand den Arabern frei zu kommen, doch die arabische Propaganda hielt, bis auf wenige Ausnahmen, die Araber zurück. Daraufhin wurden mit der Gründung Israels alle Juden, die seit Generationen in den arabischen Ländern gelebt haben, als potenzielle Spione für Israel geächtet. Schauprozesse in Kairo, Damaskus und Bagdad, bei denen Juden öffentlich hingerichtet wurden, sorgten dafür, dass die orientalischen Juden nach Israel flohen. Bis 1951 erreichten 800.000 Juden aus Ägypten, Syrien, Irak und Jordanien völlig mittellos Israel. Zu einer Zeit, als in Europa Flüchtlinge und Vertriebene aus dem Osten eine Völkerwanderung durchmachten, hätte man auch die 630.000 arabischen Flüchtlinge aus Israel in die frei gewordenen Wohnungen der 800.000 aus arabischen Ländern geflohenen Juden setzen können. Israel hat die 800.000 Flüchtlinge in Zelten aufgenommen, warum haben die Araber nicht den 630.000 arabischen Flüchtlingen die Wohnungen der 800.000 geflohenen Juden zur Verfügung gestellt?

Als sich abzeichnete, dass die Araber flohen, sandte Israels Ministerpräsident David Ben-Gurion Frau Golda Meir zu den Arabern, um sie von einer Flucht abzuhalten, denn sie hätten in Israel nichts zu befürchten. Golda Meir erhielt überall die gleiche Antwort: »Wir wissen, dass wir keine Angst zu haben brauchen, aber wir müssen gehen, denn sonst werden wir als Verräter der arabischen Sache angesehen. Wir werden wiederkommen!« Heute will man nicht wahrhaben, dass der arabische Krieg in Wirklichkeit zwei Flüchtlingsprobleme geschaffen hat, das der Araber aus Israel und das der Juden aus den arabischen Ländern. Von den nach Israel geflohenen Flüchtlingen hörte man nicht viel, weil sie nicht lange Flüchtlinge blieben. Israel hat sie unter größten Schwierigkeiten integriert. Die Araber dagegen haben die arabischen Flüchtlinge bis zum heutigen Tag als Faustpfand gegen Israel in Flüchtlingslagern gehalten, weil nur in solcher Enge Hass gegen die Juden gären kann.

Man sagt:
Die Juden haben in Deir Jassin unter der arabischen Bevölkerung ein Massaker angerichtet.

Die Tatsache ist:

Im Gegensatz zu den Terroraktivitäten der Araber, die sich ausschließlich gegen zivile Ziele richteten, griffen die Juden am 10. April 1948 das Dorf Deir Jassin wegen seiner militärischen Bedeutung an. Deir Jassin lag an der Straße nach Jerusalem und beherbergte irakische Truppen und palästinensische Guerillas, die als Scharfschützen jeden Juden niederschossen, der auf dem Weg nach Jerusalem war. Mohammed Samour, ein Bewohner von Deir Jassin, bezeugte dem britischen *Guardian*, dass bei den Kämpfen 116 Araber umkamen. Es war also nicht ein Massaker, sondern ein Kampf, in den beide Seiten verwickelt waren. Dass dabei Zivilisten umkamen, war von Israel nicht beabsichtigt. Demgegenüber aber schossen die arabischen Scharfschützen auf alle Juden, die des Weges kamen, auch auf Frauen und Kinder. Nachdem die Araber eine Übergabe des Dorfes vortäuschten, dann aber aus ihren Verstecken heraus das Feuer auf die Juden eröffneten, wurde das Dorf dem Erdboden gleichgemacht. Unabhängige Beobachter gaben vor der UNO zu Protokoll, dass unter den Leichen arabische Männer waren, die sich als Frauen verkleidet hatten, weil sie wussten, dass Juden nicht auf Frauen schießen, bis sie als Männer und Terroristen enttarnt wurden. Solche Fälle spielten sich an vielen Orten ab, so u. a. in Kfar Kassem, Kfar Bir'im und Yazur. Es ist ein Hohn, dass Palästinenser Israel wegen Deir Jassin anklagen, denn die Palästinenser wählen auch heute noch ausschließlich zivile Ziele: Diskotheken, Autobusse, Lebensmittelmärkte und Schulen.

Man sagt:
Israel strebt ein Reich von Ägypten bis zum Euphrat an.

Die Tatsache ist:

Abraham erhielt die Verheißung: »Deinen *Nachkommen* will ich dieses Land geben vom Bach Ägyptens (Wadi El-Arisch) bis an den Euphratstrom« (1. Mose 15, 18). Diese Verheißung gilt allen Nachkommen Abrahams. Er hatte inklusive Ismael und Isaak acht Söhne. 1500 Jahre später nennt Gott die Grenzen des jüdischen Volkes, den Nachkommen Isaaks, mit denen Gott seinen Bund machte (1. Mose 17, 20-21), und die reichen vom Mittelmeer bis zum Jordanfluss und nördlich von Damaskus inklusive drei Viertel des Libanon bis nach Tamar im Süden, 50 Kilometer nördlich von Eilat (Hesekiel 47, 13-23). Das zukünftige Israel liegt also eingebettet in den Völkern der übrigen Nachkommen Abrahams. Wenn jeder in dem ihm von Gott zugeteilten Gebiet lebt, wird Friede sein.

JERUSALEM
ZWISCHEN LEGENDE UND TATSACHE

Über die vielfache Herausforderung Jerusalems habe ich in den ersten acht Kapiteln berichtet. Hier sollen nun die Legenden, die über Jerusalem verbreitet werden, mittels nachprüfbarer Tatsachen als Lügen aufgedeckt werden. Wenn ich als Nichtraucher in einem Raucherabteil sitze, bleibt es nicht aus, dass auch ich bald nach Rauch rieche. Wenn man permanent Medien ausgesetzt ist, die Halbwahrheiten verbreiten, fangen auch wir irgendwann an, ihnen zu glauben und hinter jede Gegendarstellung ein Fragezeichen zu setzen. Nichts ist gefährlicher als eine Halbwahrheit. Ein fauler Apfel zwischen guten, macht nicht den faulen gut, sondern lässt die guten Äpfel faulen. Daher ist es wichtig, um die Tatsachen zu wissen.

Man sagt:
Jerusalem ist eine arabische Stadt, weil die Mehrheit der Bevölkerung vor 1948 Araber waren.

Die Tatsache ist:
Jerusalem war schon in der Antike die Hauptstadt Israels, sie wurde im Jahre 1004 v. Chr. von König David dazu ernannt. Jerusalem war dagegen niemals Reichs- oder Provinzhauptstadt eines moslemischen Staates.

Die erste Volkszählung der Neuzeit zeigt, dass die Juden in Jerusalem bereits 1844 die stärkste homogene Bevölkerungsgruppe bildeten und Historiker belegen anhand archäologischer Funde und Schriften aus der Zeit zwischen 70 und 1844 n. Chr., dass Jerusalem, mit Ausnahme der hadrianischen Römerzeit (2. Jh.), immer eine mehrheitlich jüdische Bevölkerung hatte.

	Juden	Moslems	Christen	
1844	7.120	5.000	3.390	Türkische Zählung
1876	12.000	7.560	5.470	Terra-Sancta-Zählung
1896	28.112	8.560	8.748	Palästinens. Kalender
1922	33.971	13.413	14.699	brit. Mandatszählung
1931	51.222	19.894	19.335	Palästinens. Zählung

Man sagt:

In Jerusalem stand nie ein jüdischer Tempel und in Jerusalem ist kein einziger archäologischer Stein jüdischen Ursprungs, sondern alles ist islamischer Herkunft.

Die Tatsache ist:

Die islamische Religion entstand im Jahre 622 *nach* Chr. König Davids Hauptstadtgründung und König Salomons Tempel aber stammen aus der Zeit um 1000 *vor* Chr. Wie kann man dann behaupten, dass alle archäologischen Funde in Jerusalem islamischer Herkunft seien? Um alle Spuren jüdischer Herkunft Jerusalems und des Tempelplatzes auszulöschen, vernichteten die Moslems 1999 über 18.000 qbm archäologische Substanz vom Tempelplatz, die auf den jüdischen Besitzer dieses Platzes hinwies. Israelische wie auch internationale Archäologen und Vertreter der Vereinigung zum Schutz des

Weltkulturerbes protestierten dagegen bei dem damaligen israelischen Regierungschef Ehud Barak. Er jedoch wollte sich nicht einmischen, um die Friedensverhandlungen mit den Palästinensern nicht zu stören. So wurden 2000–3000 Jahre alte Werte vernichtet, nur damit die Moslems heute sagen können, dass auf dem Tempelplatz und in Jerusalem kein einziger Stein jüdischer Herkunft sei.

Man sagt:
Jerusalem muss ja nicht unbedingt die Hauptstadt Israels sein.

Die Tatsache ist:
Von dem Moment an, als König David im Jahre 1004 v. Chr. Jerusalem zur Hauptstadt des judäisch-israelitischen Reiches ernannte, spielte Jerusalem im jüdischen religiösen und politischen Leben immer eine zentrale Rolle. Jerusalem war nicht nur die politische Hauptstadt Israels, sondern durch alle Zeiten hindurch, selbst in den Jahren des Exils, die Hauptstadt der jüdischen Herzen. Jerusalem stand immer im Mittelpunkt jüdischer Gebete. Dreimal am Tag betet der Jude in Richtung Jerusalem gewandt. Aus der religiösen Sehnsucht nach Jerusalem wurde der politische Zionismus, der dazu führte, dass Jerusalem wieder die Hauptstadt des Judenstaates Israel wurde. Obwohl Jerusalem bereits seit der Gründung des Staates Israel im Jahre 1948 offiziell Israels Hauptstadt ist, wurde dies erst 1980 per Knessetbeschluss verankert. Daraufhin verließen auf Druck der Araber fast alle ausländischen Botschaften Jerusalem und zogen nach Tel Aviv. Hieraus erkennen wir, dass

Jerusalem bereits seit über 3000 Jahren Israels Hauptstadt ist, aber erst seit 1980 von der Welt als Hauptstadt Israels boykottiert wird.

Man sagt:

Die Araber hatten 1947 die Internationalisierung Jerusalems akzeptiert.

Die Tatsache ist:

Als die Vereinten Nationen 1947 die palästinensische Frage behandelten, empfahlen sie, die Stadt Jerusalem zu internationalisieren, in der Hoffnung, dass dadurch die historische Altstadt vor kämpferischen Auseinandersetzungen bewahrt würde. Die jüdische Verwaltung (es gab damals noch keinen Staat Israel) erklärte sich bereit, diesem UN-Plan zuzustimmen. Doch die arabischen Staaten stemmten sich radikal gegen eine Internationalisierung Jerusalems. Der UN-Treuhänderrat wurde angewiesen, einen Status für Jerusalem auszuarbeiten. Die Vertreter Israels waren zur Zusammenarbeit bereit, die Araber jedoch lehnten jede Mitarbeit ab, die zu einer Internationalisierung Jerusalems führen könnte. Trotz des Misserfolgs von 1947 und 1948 wiesen die UNO den Treuhänderrat im Dezember 1949 nochmals an, eine Internationalisierung Jerusalems in die Wege zu leiten. Nun war Israel zu noch größeren Konzessionen bereit. Auch dieser Versuch führte zu nichts. Ebenso führte der Versuch, der im Rahmen des Oslo-Abkommens (1993) eine Internationalisierung Jerusalems anstrebte, zu nichts, auch nicht, als Israels Regierung unter Ehud Barak 1999 den Arabern drei Viertel der Altstadt (mit Ausnahme des jüdischen Stadtviertels) anbot, da die Araber ablehnten.

Man sagt:
Von 1948 bis 1967 beschützte Jordanien die heiligen Stätten und die freie Ausübung der Religionen in Jerusalem.

Die Tatsache ist:

Unter der jordanischen Herrschaft durften Juden die Westmauer in Jerusalem, das Grab der Erzväter in Hebron und das Grab Rahels in der Nähe von Bethlehem nicht besuchen. Selbst Juden, die keine israelischen Staatsbürger waren, sondern in Frankreich oder den USA lebten und diese Stätten besuchen wollten, wurde der Besuch verweigert. Ebenso durften keine Christen, die in Israel lebten, ihre heiligen Stätten, wie die Geburtskirche in Bethlehem oder die Grabeskirche in Jerusalem, besuchen, mit wenigen Ausnahmen zu Ostern und Weihnachten. Und das, obwohl die UN-Bestimmungen des Waffenstillstandsabkommens von 1949, das auch von Jordanien unterzeichnet wurde, den freien Zugang aller zu allen heiligen Stätten zugesichert hatten. Unter Paragraph 8 dieses Abkommens hatte sich Jordanien dazu verpflichtet, den freien Zugang zu allen heiligen Stätten und kulturellen Einrichtungen sowie das Benutzungsrecht des Friedhofs auf dem Ölberg zu allen Zeiten zu gewährleisten. Ungeachtet dessen verbot König Hussein von Jordanien selbst den in Israel lebenden Moslems den Besuch der für sie heiligen Stätten in Jerusalem, so dass sie nicht in der Al-Aksa-Moschee beten durften. Israel hat dagegen seit 1967 allen seinen Bürgern den Zugang zu ihren heiligen Stätten und ihre freie Religionsausübung nicht nur schriftlich garantiert, sondern auch praktisch unter Beweis gestellt. Juden, Christen und Moslems und auch messianische Juden genießen in Jerusalem und in Israel volle Religionsfreiheit.

Man sagt:
Jordanien hat in der Zeit zwischen 1948 und 1967 die heiligen Stätten sorgfältig geschützt.

Die Tatsache ist:
Jordanien hat in Wirklichkeit im jüdischen Viertel der Jerusalemer Altstadt 52 Synagogen und jüdische Bethäuser zerstört, auf die Ruinen Salz gestreut, was eine symbolische Handlung war, auf dass diese Gebäude nie wieder zu neuem Leben erwachen sollten. Aus den zerstörten Synagogen wurden öffentliche Latrinen und Eselställe. Selbst die berühmte Große Hurva-Synagoge wurde völlig zerstört. Hunderte von jüdischen Gräbern, von denen viele jahrhundertealt waren, manche sogar aus biblischer Zeit stammten, wurden aufgerissen und mit deren Grabsteinen pflasterten jordanische Soldaten die Straßen ihrer Kasernen. Selbst für den Bau des auf dem Ölberg gelegenen *Intercontinental*-Hotels wurden jüdische Grabsteine verwendet. Die hebräischen Inschriften wurden nur notdürftig übertüncht. Obwohl Israel deswegen wiederholt vor der UNO, deren Hauptquartier für den Nahen Osten in Jerusalem auf dem seit 2000 Jahren so genannten »Berg des bösen Rates« liegt, protestiert hat, haben die Vereinten Nationen nie etwas dagegen unternommen.

Man sagt:
Israel zerstörte 1967 in Jerusalem Heiligtümer.

Die Tatsache ist:

Israel verzichtete beim Kampf um Jerusalem auf Artillerie und Bombardements, damit keine heiligen Stätten zu Schaden kamen. Dafür kämpften israelische Soldaten von Mann zu Mann, wodurch Israel hohe Verluste hinnehmen musste. Die Jordanier dagegen benutzten Artillerie.

Man sagt:
Unter israelischer Verwaltung ist die Religionsfreiheit in Jerusalem eingeschränkt worden.

Die Tatsache ist:

Zur Feststellung des Sachverhalts besuchte der UN-Botschafter Ernesto Thalmann, ein Schweizer Diplomat, Jerusalem und sprach mit den Vertretern der verschiedenen religiösen Gruppen. Die Führer dieser religiösen Gruppen erklärten ihm, dass es »keinen Grund zur Klage« gäbe, weil die israelischen Behörden sich »an die vereinbarten Grundsätze, die in Sachen Religionsfreiheit festgelegt worden waren«, hielten.

Der griechisch-orthodoxe Patriarch von Jerusalem, Benedictos, der Vertreter der größten christlichen Kirche im Heiligen Land, erklärte am 12. April 1968: »Es ist wahr, und wir möchten es noch einmal betonen, dass die heiligen Stätten ganz allgemein und darunter auch die Klöster und Kirchen während und nach dem Krieg von den Israelis mit größter Sorgfalt geschützt worden sind.«

Die nationale Vereinigung römisch-katholischer Organisationen plädierte am 10. September 1971 für die Fortsetzung der israelischen Herrschaft in Jerusalem:

»Wir sind gegen jede Form der Internationalisierung Jerusalems. Die Juden sind von jeher in Jerusalem gewesen. Es ist ihre Heimat. Darüber hinaus ist Jerusalem heute für alle Glaubensrichtungen zugänglich, und nie zuvor sind die heiligen Stätten so gepflegt und geschützt worden.«

C. Witton-Davis, der Archidiakon der anglikanischen Christus-Kirche, Oxford, schrieb in einem Aufsatz, der am 30. September 1979 in der britischen Zeitschrift *Guardian* veröffentlicht wurde: »Jerusalem ist nun seit 12 Jahren eine Stadt der Freiheit. Jeder kann sich frei bewegen, und alle Welt hat Zugang zu den heiligen Stätten der drei Religionen. Aus meinen eigenen Beobachtungen und persönlichen Gesprächen bezeuge ich, dass Jerusalem noch nie so gut verwaltet wurde und dass die Anhänger der drei monotheistischen Religionen noch nie so offen und frei Zugang zu ihren heiligen Stätten hatten wie unter Israels Regierung.«

Diodoros I., der griechisch-orthodoxe Patriarch von Jerusalem, dankte am 30. Dezember 1997 Israels Regierung: »Wir danken dem Staat Israel für die Religionsfreiheit, die wir genießen und für den Schutz, den er uns gewährt. Die christliche Kirche im Heiligen Land hat schon andere Zeiten erlebt, so dass wir die in Israels Demokratie verankerte Freiheit dankbar zu schätzen wissen.«

Man sagt:
Mission ist in Israel strafbar.

Die Tatsache ist:

Mitte der 70er-Jahre gab es bereits eine Einwanderungswelle von Juden aus Russland. Israel war noch unerfahren mit Einwanderern aus kommunistischen Ländern und versorgte sie wie die anderen, sie erhielten ihr Monatsbudget und sollten damit frei wirtschaften. Das aber klappte nicht, denn sie gaben alles für Fernseh- und Videogeräte aus. Daraufhin zogen die verarmten russischen Juden von Kirche zu Kirche und bettelten. Die Kirchen aber gaben nur Mitgliedern Geld, ergo ließen sie sich für 500 US-Dollar taufen. Als dieses Geld ausgegeben war, gingen sie zu einer anderen Kirche. So wurde daraus eine Wiedertäuferbewegung. Manche waren 13-mal getauft.

Aus diesem Grund wurde am 27. Dezember 1977 von der Knesset das Gesetz 880 verabschiedet. Dieses fälschlich *Anti-Missionsgesetz* genannte Gesetz verbietet nicht das Missionieren als solches, sondern nur die Verleitung zum Religionswechsel, entweder vom Judentum zum Christentum oder vom Christentum zum Judentum, wenn dieser Religionswechsel erkauft wird. Der Text lautet:

»Wer einem Menschen Geld, Geldwert oder einen anderen materiellen Vorteil gibt oder verspricht, um ihn zu verleiten, seine Religion zu wechseln, oder damit er einen anderen Menschen (Drittperson) verleitet, seine Religion zu wechseln, wird mit fünf Jahren Haft oder 50.000 IL (heute etwa 10.000 NIS, 2.000 Euro) bestraft.«

Man sagt:

Israels archäologischen Ausgrabungen in der Altstadt bedrohen den historischen Charakter Jerusalems. Eine Verurteilung der UNESCO aus dem Jahr 1974 bestätigt das.

Die Tatsache ist:

Die Erklärung der UNESCO vom November 1974 war ein unreifer politischer Akt. Dies bestätigte Prof. Raymond Lemaire, der daraufhin vom Generaldirektor der UNESCO zur Untersuchung vor Ort nach Jerusalem geschickt wurde. Er schrieb in seinem Untersuchungsbericht: »Die an den Methoden der Ausgrabungsarbeiten geübte Kritik ist absolut grundlos. Die Arbeiten werden von hoch qualifizierten Fachleuten durchgeführt. Man ist äußerst aufmerksam gegenüber allen Einzelheiten und den verschiedenen Epochen gegenüber, aus denen die antiken Funde gemacht werden. Auf die Erhaltung der Überreste der arabischen Umayad-Paläste wird die gleiche Sorgfalt verwandt wie auf Dinge aus der herodianischen Zeit.«

Zu jordanischer Zeit wurden dagegen alle nichtislamischen archäologischen Funde von jordanischen Polizeistationen und anderen Gebäuden überbaut, nur damit die Ausgrabungen gestoppt werden konnten.

Anfang 1981 entdeckten israelische Archäologen in der *Via Dolorosa* Pflastersteine aus der Zeit Jesu. Mit viel Aufwand wurden diese riesigen gerillten Steine auf das heutige Straßenniveau angehoben, so dass der Pilger heute über Steine geht, über die Jesus und seine Jünger liefen. Die Anrainerkirchen bestätigten mit größter Anerkennung, dass von Anfang an die Israelis mit den Kirchen zusammengearbeitet und keine Kosten gescheut haben, um den ursprünglichen antiken Zustand Jerusalems wieder herzustellen, ohne dabei Kirchen zu beschädigen.

Man sagt:
Die israelische Polizei ermutigt jüdische Fanatiker zu Angriffen auf heilige Stätten der Moslems und Christen.

Die Tatsache ist:

Die israelischen Behörden sind immer wieder gegen Fanatiker vorgegangen, die gewalttätig gegen Anhänger und Heiligtümer anderer Glaubensgemeinschaften vorgegangen sind. Wenn solche Übergriffe nicht verhindert werden konnten, hat Israel schwere Strafen über die Täter verhängt. Als 1982 der amerikanische Jude Allan Goodman auf dem Tempelberg eine Schießerei veranstaltete, wurde er mit lebenslänglicher Haft bestraft. 1991 richtete der Jude Dr. Baruch Goldstein in der Grabstätte der Erzväter in Hebron ein Blutbad an, wodurch 29 Menschen umkamen und er selbst erschossen wurde. Als jüdische Extremisten ihm ein Grabmal errichten wollten, wurde dies von den israelischen Behörden verboten, und als sie es dennoch taten, wurde es wieder zerstört, um anzuzeigen, dass Israel kein Land für jüdische Terroristen ist. So wurde auch die rechtsextreme Kach-Partei des in New York ermordeten Rabbi Meir Kahane verboten, weil sie militante fanatische Ziele verfolgte.

Man sagt:
Juden setzten 1969 die Al-Aksa-Moschee in Jerusalem in Brand.

Die Tatsache ist:

Erstens war der Brandstifter kein Jude, sondern ein Christ aus Australien mit Namen D. M. Rohan. Er wollte Gott helfen und die Al-Aksa-Moschee beseitigen, damit dort der jüdische Tempel errichtet werden kann. Er hat sich schrecklich verrechnet, denn weder dort, wo die Al-Aksa-Moschee noch wo die Omar-Moschee steht, soll einst der Dritte Tempel stehen. Bei dem Brand stellte sich heraus, dass beide Moscheen überhaupt nicht gegen Feuer geschützt waren, weil es nirgends außer dem rituellen Fußwaschbecken eine ausreichende Wasserquelle gab. Wiederholt hatten israelische Archäologen den *Waqf,* die für moslemische Heiligtümer verantwortliche Behörde, gebeten, auf dem Tempelplatz Ausgrabungen machen zu dürfen, was ihnen der *Waqf* jedoch nicht erlaubte. Nach dem Brand gestattete der *Waqf* den Israelis dort Wasserleitungen zu legen, um bei einem zukünftigen Brand effektiver löschen zu können. Nun rückten nicht nur israelische Installateure, sondern auch Archäologen an, um nicht nur Wasserleitungen zu legen, sondern auch Ausgrabungen durchzuführen, die ihnen vorher verweigert wurden. Das Ergebnis war, dass sie den *Even Schetija,* den Grundstein des Tempels fanden. Der jüdische Tempel stand demnach in Wahrheit 70 Meter nördlich der Omar-Moschee – und nur dort darf und soll er wieder stehen. Also hat der australische Christ Gott doch geholfen. Damit wurde den Moslems die Sorge genommen, dass die Juden die Moschee zerstören könnten, um ihren Tempel bauen zu können. Und die Moslems haben nun eine gute Brandschutzwasserleitung.

Man sagt:

Nach der UNO-Resolution 242 ist Ostjerusalem als besetztes Gebiet zu betrachten. Die israelische Annexion Jerusalems verletzt daher die UNO-Resolution.

Die Tatsache ist:

Die Resolution 242 des UN-Sicherheitsrates vom 22. November 1967 bezieht sich keineswegs auf Jerusalem. Die Ausklammerung Jerusalems geschah mit Bedacht, weil man für Jerusalem eine Internationalisierung vorhatte. Jerusalem war ein eigenständiges Problem und hatte nichts mit der Lösung des Westbank-Problems zu tun. Noch heute ist Jerusalem bei allen Verhandlungen, siehe Camp-David- und Oslo-Abkommen, ausgeklammert. In der letzten Zeit jedoch rückt Jerusalem immer mehr in den Brennpunkt, so dass Jerusalem nicht mehr ausgeklammert werden kann. Hierbei darf man nicht vergessen, dass in den Vereinten Nationen 52 moslemisch regierte Staaten sind, demgegenüber nur *ein* Judenstaat steht, der auf das Wohlwollen der anderen Staaten angewiesen ist, die wiederum von den Arabern gegen Israel unter Druck gesetzt werden.

AKTUELLES
ZWISCHEN LEGENDE UND TATSACHE

Die Meinung der Menschen wird durch die Medien geformt. So entstand auch das Negativbild über Israel. Oft besuchen Reporter für nur drei Tage Israel und die palästinensischen Gebiete und meinen hinterher, alles über den israelisch-palästinensischen Konflikt zu wissen. Daneben gibt es Journalisten, die jahrelang in Israel vor Ort arbeiten, objektiv und ausführlich das Geschehen filmen und in ihre Heimatländer senden. Dort jedoch kürzt der *Cutter* einen Report von 60 Minuten auf 60 Sekunden, weil in den Tagesnachrichten nicht mehr untergebracht werden kann. So werden Dinge aus dem Zusammenhang gerissen, die hinterher als Halbwahrheiten beim Medienverbraucher zu Fehlurteilen führen.

Da man diese Medienpraxis nicht verändern kann, ist es wichtig, sich um der Objektivität willen eine Pressekorrektur zu leisten. Eine Pressekorrektur ist dazu prädestiniert die *andere* Seite zu zeigen, damit aus den allgemeinen Medien, die zunehmend gegen Israel berichten, zusammen mit den Berichten der Pressekorrektur ein ausbalanciertes Gesamtbild entsteht. Ein unverzichtbares Pressekorrektur-Magazin ist z. B. die in Jerusalem monatlich erscheinende »nai — israel-heute«-Zeitschrift sowie das »Israel-Jahrbuch« als jährliche Israelchronik.

Bestelladresse:

nai-israel-heute, P.O.B. 10.117, IL-93503 Jerusalem.

Tägliche Infos erhalten Sie über www.israelheute.com

Man sagt:
Die Araber sind nur gegen den Staat Israel, nicht aber gegen die Juden.

Die Tatsache ist:
Es stimmt: Es hat Zeiten gegeben, in denen die Juden in arabischen Ländern besser als in christlichen Ländern behandelt wurden. Das darf aber nicht über die massiven Verfolgungswellen hinwegtäuschen, die es auch unter den Moslems gab. Bereits Mohammed war ab der Zeit in Medina ausgesprochen intolerant gegenüber Juden. Juden, die den Übertritt zum Islam ablehnten, wurden umgebracht oder in *Mellahs* (arabische Ghettos) gepfercht. Kalif Harun ar-Raschid von Bagdad führte im Jahr 807 als Erster das gelbe Zeichen der Schande ein, das Juden tragen mussten. 1033 wurden in Fes, Marokko, 6.000 Juden umgebracht. 1066 töteten Moslems in Granada 5.000 Juden. So wurden durch alle Jahrhunderte bis auf den heutigen Tag Juden in den arabischen Ländern verfolgt, gefoltert und umgebracht.

Die 4.500 in Syrien verbliebenen Juden bangen täglich um ihr Leben. Sie dürfen ihre Wohnung nicht über vier Kilometer hinaus verlassen und haben abends Ausgehverbot. Und den 7.000 im Iran lebenden Juden geht es nicht viel besser. Sie werden immer dann der Spionage für Israel verdächtigt und inhaftiert, wenn der Iran Israel unter Druck setzen will, denn Israel versucht alles, um im Ausland lebenden Juden zu helfen. Auch in Ländern, wie z. B. Frankreich und Deutschland, in denen Juden und Moslems gleichermaßen als Minderheiten leben, werden die Juden von den Moslems verfolgt. Moslems verbünden sich in ihrem Kampf gegen Juden mit Neonazis, entweihen Synagogen, zerstören jüdische Friedhöfe und verüben tödliche Anschläge gegen ihre jüdischen Mitbürger.

Der Staat Israel ist ein Judenstaat, d. h., seine Bürger sind zu 80 % Juden. Man kann keinen Judenstaat vernichten wollen, ohne seine jüdischen Bürger zu vernichten.

»Ich erkläre hiermit den Heiligen Krieg, meine moslemischen Brüder! Schlagt die Juden tot! Bringt sie alle um!« (Mufti von Jerusalem, Amin al-Husseini)

»Die Araber sind bereit, bis zu 10 Millionen ihrer Bevölkerung zu opfern, um Israel zu vernichten. Israel bedeutet für die arabische Welt so viel wie ein bösartiges Krebsgeschwür. Unsere einzige Rettung ist, Israel restlos zu vernichten.« (König Faisal von Saudi-Arabien)

»Das Ziel unseres Kampfes ist, das Ende Israels herbeizuführen. Und da gibt es keinerlei Kompromisse! Wir sind die Generation, die das Mittelmeer erreicht und über Tel Aviv die palästinensische Fahne hissen wird. Friede heißt für uns die Zerstörung Israels.« (Arafat in einem Interview mit der *Washington Post*)

»Wir sind entschlossen, mit allen uns zur Verfügung stehenden Mitteln einen *Djihad* (Heiligen Krieg) zu führen, um die besetzten Gebiete zu befreien, bis Jerusalem wieder voll und ganz unter Mohammeds Hoheit steht.« (Erklärung der Islamischen Konferenz in Mekka)

Das Kinderbuch des ägyptischen Schriftstellers Tareq Fausi beginnt mit: »Meinem Sohn Sif el-Din widme ich dieses Buch, denn ich möchte, dass du lernst, Juden zu hassen, so, wie dein Vater die Juden hasst.«

Bei den Palästinensern und den Arabern in anderen Ländern ist Hitlers »Mein Kampf« in arabischer Sprache, das in Ramallah gedruckt wird, und Henry Fords antisemitisches Buch »Das Weltjudentum« ein Bestseller.

Man sagt:
Ariel Scharon sei für das Massaker von Sabra und Schatilla verantwortlich.

Mir geht es nicht um ein Reinwaschen von Scharon. Doch sollte man einiges in die richtige Proportion setzen. Ich selbst war als Kriegsberichterstatter in dem palästinensischen Flüchtlingslager Sabra und Schatilla. Ich weiß, dass die israelischen Stellungen über einen Kilometer vom Flüchtlingslager entfernt waren, weil ich dort immer meinen Wagen parkte.

Die Tragödie begann, nachdem König Hussein von Jordanien im *Schwarzen September* 1970 über 15.000 Palästinenser umbringen ließ, weil sie in seinem Reich zum aufsässigen Staat im Staate wurden. Daraufhin flohen Tausende Palästinenser in den Libanon und entfachten im Libanon, der bis dahin als *Schweiz des Orients* ein friedliches Land war, einen Bürgerkrieg. Zwischen 1975 und 1982 brachten Palästinenser unter Arafats Führung im Libanon 30.000 (UNO-Zählung) bzw. 45.000 (libanesische Zählung) Libanesen um. Daraufhin übten christliche Falangisten unter Führung von Beshir Djemayyel, der später ermordet wurde, Rache und töteten in Sabra und Schatilla 980 Palästinenser. Zur gleichen Zeit war Ariel Scharon in Jerusalem Verteidigungsminister.

Wenn man schon Scharon wegen Sabra und Schatilla auf die Anklagebank setzt, dann sollte man auch PLO-Chef Arafat auf die Anklagebank setzen, der für den Mord an 30.000 bzw. 45.000 libanesischen Christen und Drusen verantwortlich war.

Wenn man schon Scharon auf die Anklagebank setzt, dann sollte man auch die christlichen Falangisten, die dieses Massaker im Auftrag von Djemayyel ausgeführt haben, auf die Anklagebank setzen.

Warum also klagt man wegen des Massakers in Sabra und Schatilla allein Scharon an? Warum klagt niemand den Moslem Arafat oder den Christen Djemayyel an, sondern nur den Juden Scharon?

Man sagt:
Tausende Palästinenser werden in israelischen Gefängnissen festgehalten, gefoltert und getötet.

Die Tatsache ist:
Die israelischen Sicherheitsbehörden nahmen nur Palästinenser fest, die an terroristischen Aktivitäten beteiligt waren, indem sie die Terroranschläge selbst durchgeführt, geplant oder mitgeholfen haben. In jedem anderen Land werden Terroristen, die das Leben anderer

Menschen gefährden, ebenso inhaftiert. Den in israelischen Gefängnissen einsitzenden Palästinensern stehen alle Rechtsmittel zur Verfügung, um gegen ihre Verhaftung Einspruch zu erheben. Ein Beispiel dafür ist der palästinensische Fatah-Anführer Marwan Barghouti, der, obwohl er eine Gallonsfigur des Menschen verachtenden Terrors ist, Israels Demokratie und Menschenrechte voll ausnutzte und aus seinem Prozess ein Medienspektakel machte.

Die israelischen Gefängnisse sind jederzeit für Inspektionen durch das Internationale Rote Kreuz oder andere international anerkannte Menschenrechtsorganisationen offen. Obwohl in Israel das Gesetz der Todesstrafe existiert, wurde es nur einmal im Jahre 1962, im Fall von Adolf Eichmann, ausgeführt, seither nie wieder.

Dagegen werden in den palästinensischen Autonomiegebieten als Kollaborateure verdächtige Palästinenser von ihren Volksgenossen ohne Gerichtsverfahren öffentlich hingerichtet. Allein im Jahr 2002 wurden in Nablus und Gaza 13 Menschen von Palästinensern hingerichtet. Darunter eine Mutter, weil sie ihren Sohn davon abhalten wollte, als Selbstmordterrorist in den Tod zu gehen.

Israelisches Gefängnispersonal, das gewalttätig und folternd gegen Gefangene vorging, wurde nicht nur suspendiert, sondern auch bestraft. Als ein Gefangener totgeprügelt wurde, wurden der befehlshabende Offizier und seine Untergebenen wegen Totschlags zu langjährigen Haftstrafen verurteilt.

Man sagt:
Die Araber in Israel werden als Menschen zweiter Klasse behandelt.

Die Tatsache ist:

Israel ist eine der offensten Gesellschaften der Welt. Auch wenn Israel ein *Judenstaat* ist, so ist er kein Staat, der nur Juden akzeptiert. Die etwa 20 % nichtjüdischen Staatsbürger Israels haben gleiches Stimmrecht, sie dürfen nicht nur wählen, sondern können auch in die Knesset gewählt werden. Von den 120 Knessetabgeordneten sind durchschnittlich 12 bis 14 Araber. Es gibt für die in Israel lebenden Araber über 1000 arabische Ausbildungsstätten. Die Zahl der arabischen Studenten hat sich seit 1948 verzwanzigfacht, obwohl die arabische Bevölkerung im gleichen Zeitraum nur um das Fünffache anwuchs.

Natürlich besteht eine gewisse Kluft zwischen den israelischen Juden und den israelischen Arabern, diese aber ist mehr psychologisch als wirtschaftlich-rechtlich. Hierbei darf man nicht vergessen, dass es für die Araber unmöglich war, innerhalb von 50 Jahren das an Bildung nachzuholen, was das Gros der Juden aus Europa und Nordamerika bei ihrer Einwanderung nach Israel mitbrachte.

Das durchschnittliche Pro-Kopf-Einkommen der israelischen Araber lag im Jahr 2002 um 82 % höher als das der Araber in Jordanien, um 107 % höher als das der Araber in Syrien und um 169 % höher als das der Araber in Ägypten. In Israel findet man Araber gemäß ihrem Bevölkerungsanteil in allen Berufsgruppen und ihre Besoldung hat das gleiche Niveau wie das der Juden.

Man sagt:
Israel zerstört die Landwirtschaft der Araber.

Die Tatsache ist:

Es gibt keinen Zweifel daran, dass durch die modernen Techniken israelischer Landwirte die arabischen Bauern ins Hintertreffen kommen. Israel ist im Hinblick auf die Agrarwirtschaft führend in der Welt. Experten aus aller Welt kommen nach Israel, um vor Ort zu lernen, wie man Problemböden Fruchtbarkeit entringt. Araber, die sich Israels moderne Agrartechniken zu Eigen machen, profitieren davon und arbeiten gut mit Israel zusammen. Araber, die aus nationalistischen Gründen israelische Methoden ablehnen und weiterhin an ihrer veralteten Bodenbewirtschaftung festhalten, haben das Nachsehen, beschuldigen aber Israel des unfairen Konkurrenzkampfes.

Man sagt:
Israel gräbt den Arabern das Wasser ab.

Die Tatsache ist:

In den Jahren nach 1967 hat sich die Wasserversorgung in den arabischen Gebieten wesentlich verbessert. Die Städte erhielten neue Wasserversorgungssysteme. Die arabischen Landwirte werden zusätzlich aus über 100 Quellen und 300 Brunnen mit Wasser versorgt. 1994 vereinbarten Jordanien, Israel und die palästinensische Autonomiebehörde eine Aufteilung der Wasserressourcen gemäß der Bevölkerungszahl und ihrer Bedürfnisse. Israel und Jordanien halten sich an das Abkommen. Nur die Palästinenser halten sich nicht daran und graben selbst in Wasserschutzzonen illegale Brunnen, was den Grundwasserspiegel gefährdet. Jordanien protestierte als Erster gegen den Wasserraubbau durch die Palästinenser.

Immer wieder wird auf die Swimmingpools der jüdischen Siedler hingewiesen, ohne jedoch darauf aufmerksam zu machen, dass ihr Wasser durch ein Umwälzverfahren immer das gleiche chlorgereinigte Wasser ist.

1947 lebten zwischen Jordan und Mittelmeer 1,5 Mio. Menschen. Heute leben dort 9 Mio., d. h. sechsmal mehr. Der Jordan aber ist nicht sechsmal breiter und der See Genezareth nicht sechsmal tiefer geworden. Das heißt: Alle Bürger in dieser Region müssen Wasser sparen. Die rote Linie des Grundwasserspiegels liegt bei 215 Meter unter dem Meeresspiegel. Sollte der Wasserstand vom See Genezareth noch weiter fallen und die Araber weiter illegale Brunnen graben, besteht die Gefahr, dass das Salzwasser vom Mittelmeer in die Grundwasserquellen eindringt und versalzt, wodurch die Süßwasserquellen für Generationen verdorben wären. Aus diesem Grund dürfen israelische Landwirte bereits Agrarkulturen, die viel Wasser verbrauchen, nicht mehr anbauen. Wenn auch die Araber sich einschränken müssen, beschuldigt man Israel, ihnen das Wasser zu stehlen.

Man sagt:
Die Israelis haben in Jenin ein Massaker angerichtet.

Die Tatsache ist:
Das palästinensische Flüchtlingslager in Jenin ist eines von 26 in den palästinensischen Autonomiegebieten. Im Zuge der Intifada kam es im Jahr 2002 in Jenin zwischen israelischen Einheiten und Palästinensern zu Kämpfen. Die Medien zeigten Bilder von zerstörten Häusern und sprachen von erdbebengleicher Verwüstung,

die Israelis dort angerichtet hätten. Man zeigte jedoch immer nur ein und dieselbe zerstörte Straße, denn eine andere zerstörte Straße gab es nicht. Luftaufnahmen zeigen, dass nicht die Stadt Jenin und auch nicht das Flüchtlingslager zerstört wurde, sondern nur ein Gebiet von 100 mal 100 Meter, was keine 3 % der Stadt ausmachte, aber genau das Gebiet war, in dem die Terrororganisationen ihre Hauptquartiere und Bombenfabriken hatten. Die Menschenrechtsorganisation *Amnesty International* revidierte später ihre Behauptung, dass dort 500 Palästinenser getötet worden seien, denn man fand »nur« 50 Tote, davon waren 45 uniformierte Palästinenser. Dass Israel keine Artillerie benutzte, beweist die Tatsache, dass dort Kämpfe von Mann zu Mann geführt wurden, wobei auch 23 Israelis umkamen. Nachforschungen ergaben, dass die erdbebenähnliche Zerstörung durch die Explosionen der 18 palästinensischen Sprengstofflager und Bombenfabriken geschah, die dort ansässig waren.

Man sagt:
Israel verwirft immer die Berichte der UNO als unwahr.

Die Tatsache ist:
Dass die UNO Israel gegenüber befangen ist, hat mehrere Gründe, so sind in den Gremien der UNO 12.500 Palästinenser beschäftigt, aber nur 35 Israelis. Daher liegt es auf der Hand, dass die Palästinenser stärkeren Einfluss auf die Entscheidungen der UNO haben als die wenigen Israelis. Dazu kommt, dass von den 191 UN-Mitgliedstaaten 52 moslemisch regierte Staaten sind, die die anderen Staaten unter Druck setzen, gegen Israel zu stimmen, denn für die übrigen Staaten sind die 1, 3 Milli-

arden Moslems als Kaufkraft wichtiger als die 6, 6 Millionen Israelis. Und da in der UNO alles demokratisch zugeht, hat der *eine* Judenstaat gegen die überwältigende Mehrheit der übrigen Staaten keine Chance.

Man sagt:
Israelis schießen auf Steine werfende Kinder.

Die Tatsache ist:
Hinter den Steine werfenden Kindern stehen die palästinensischen Scharfschützen und ihre Mörser-Stellungen. Israelische Soldaten zielen nur auf bewaffnete Palästinenser, und sollte dabei ein Kind getroffen werden, so geschieht es nie mit Absicht. Andererseits hat die Vergangenheit gezeigt, dass die palästinensischen Terroristen ganz bewusst Ziele aussuchen, wo sie israelische Zivilisten töten können. Sie senden ihre Terroristen in Pizzerias, Autobusse, Diskotheken, Schulen, Lebensmittelmärkten und zu religiösen Feiern, um dort Blutbäder anzurichten. Das ist der entscheidende Unterschied zwischen den Israelis und Palästinensern.

Man sagt:
Die Genfer Konvention verbietet die Errichtung jüdischer Siedlungen.

Die Tatsache ist:
Die IV. Genfer Konvention verbietet ausdrücklich nur einen gewaltsamen Transfer von Menschen in ein Gebiet, in dem sie nicht leben wollen und eine damit verbundene Vertreibung anderer Menschen. Beides trifft bei den jüdischen Siedlungen nicht zu, denn erstens ziehen

die Juden freiwillig dorthin und zweitens werden dadurch keine Menschen vertrieben. Und wo dies dennoch durch übereifrige jüdische Zeloten geschah, mussten sie ihre Siedlungen auf Beschluss der israelischen Regierung und des israelischen Gerichts wieder räumen. Insgesamt wurden 172 jüdische Siedlungen gegründet, 28 davon mussten wieder geräumt werden, weil Araber Besitzansprüche geltend machen konnten, d. h., gegen die bestehenden 144 kann niemand juristische Einwände vorbringen.

Man sagt:
Jesus sei in Palästina geboren und daher ein Palästinenser.

Die Tatsache ist:
Seit Ausbruch der Intifada 1997 liest man in vielen arabischen Kirchen in der weihnachtlichen Liturgie: »*Bethlehem, in Palästina*« und »*Wo ist der neugeborene König der Palästinenser?*«. Das ist eine Verfälschung der Bibel, denn es heißt in Matthäus 2 unmissverständlich: »Als Jesus zu Bethlehem in Judäa geboren wurde« und »Wo ist der neugeborene König der Juden?«.

»*Sind die Israelis denn Engel?*«

Nein! Das sind sie wahrlich nicht. Sie sind aber auch keine Teufel. Eine Umfrage unter Nichtjuden in den USA ergab, dass man von den Juden mehr Menschlichkeit erwartet als von den Palästinensern. Auf die Frage »Warum«, antworteten die Religiösen unter den Befragten: »Die Juden sind doch schließlich das von Gott auserwählte Volk, die den Nationen ein Licht (Vorbild) sein sollen«, und die Nichtreligiösen unter den Befragten antworteten: »Die Juden haben im Laufe ihrer Geschichte bis hin zum Holocaust so viel Leid mitgemacht, dass sie nun wissen sollten, was Leid bedeutet, um dies nicht den Palästinensern zuzufügen.«

Die Befragten haben jedoch vergessen, dass es für die Juden um Sein oder Nichtsein geht, denn jeder Krieg gegen den Judenstaat ist ein Existenzkrieg. Israel kann sich militärisch nicht *eine* einzige Niederlage leisten, denn dann gäbe es für die überlebenden Juden nirgendwo in der Welt eine zweite rettende Heimat. Israel ist für die Juden der rettende Hafen, wenn sie in der Diaspora verfolgt werden. Wo sollten die Verfolgten hinfliehen, wenn es keinen Judenstaat mehr geben würde?

Die arabischen Länder sind flächenmäßig 613-mal größer als Israel. In Israel leben auf einem Quadratkilometer 252 Menschen, in den arabischen Ländern dagegen nur 18. Warum also beanspruchen die Araber dieses kleine Land, das knapp so groß ist wie das Bundesland Hessen, halb so groß ist wie die Schweiz und nur ein Viertel so groß ist wie Österreich? Dass die Araber so fanatisch Israel bekämpfen, hat irrationale Gründe, die man mit Vernunft und Logik nicht erklären kann.

DER HEILIGE KRIEG
UM JERUSALEM

»Macht dies unter den Heidenvölkern kund: Rüstet euch zum heiligen Krieg! Bietet die besten Streiter auf, lasst alle Kriegsleute aufmarschieren! Schmiedet eure Pflugscharen zu Schwertern und eure Winzermesser zu Lanzenspitzen um!« (Joel 4, 9–10)

»Dies ist der Ausspruch des HErrn ... Wisset wohl: Ich mache Jerusalem zu einer Schale voll Taumeltranks für alle Völker ringsumher. Alsdann will ich Jerusalem zum Laststein machen für alle Völker der Erde: Alle, die ihn wegheben wollen, werden sich unfehlbar wund an ihm reißen, wenn alle Völker der Erde sich gegen Jerusalem versammeln ... An jenem Tage wird der HErr die Bewohner Jerusalems beschirmen.« (Sacharja 12, 1–3 u. 8)

Friedensbewegungen fordern, dass Schwerter zu Pflugscharen umgeschmiedet werden und berufen sich dabei auf Jesaja 2, 4. Doch sie übersehen in ihrer gut gemeinten Friedenseuphorie, dass dies erst in den Tagen geschehen soll, wenn alle Völker der Erde nach Jerusalem, zum Hause Gottes hinaufziehen, um sich dort von Gott belehren zu lassen, weil sie auf seinen Wegen wandeln wollen. Diese Voraussetzung ist leider noch nicht gegeben. Die Menschheit will derzeit alles andere, nur nicht die »Belehrung von Zion und das Wort des HErrn von Jerusalem«, wie es in Jesaja 2, 3 und in Micha 4, 2 heißt.

Weil wir noch nicht in der Zeit leben, in der alle Völker nach Jerusalem hinaufziehen, um dort Gott anzubeten und sich von ihm belehren zu lassen, müssen wir die negative Kehrseite in Kauf nehmen, und die besagt, dass nicht Schwerter zu Pflugscharen, sondern Pflugscharen zu Schwertern umgeschmiedet werden (Joel 4, 10). Also nicht ein allgemeines Abrüsten, sondern ein weltweites Aufrüsten steht auf der Tagesordnung.

Die moslemischen Völker mit ihren 1, 3 Milliarden Menschen machen sich, angeführt von fanatischen Extremisten, bereit für den Heiligen Krieg gegen Jerusalem und folgen damit, ohne dass es ihnen bewusst ist, dem Plan Gottes, denn der HErr ist es, der sie zum *heiligen Krieg* und zur Aufrüstung auffordert (Joel 4, 9). Desgleichen ist es Gott, der Jerusalem für die rings um Jerusalem liegenden Völker zur Schale voll Taumeltranks macht. Diese rings um Jerusalem lebenden Völker sind die moslemischen Staaten, für die Jerusalem immer mehr zu einem Taumelbecher wird. Sie geraten um Jerusalems willen in einen Rausch (Sacharja 12, 2). Und mit Menschen im Rausch kann man nicht vernünftig reden.

Weil man mit Menschen im Rausch nicht mit Vernunft und Logik kommen kann, führen alle diplomatischen Verhandlungen zu nichts. Immer wieder haben Israelis und Politiker anderer Nationen vergeblich versucht, die Moslems von ihrem Terrorwahn abzubringen. Mit Menschen im Rausch aber kann man nicht verhandeln. Weil dies mittlerweile vielen Politikern klar wurde, fordern sie nun von Israel Rücksichtnahme auf die Berauschten, d. h. immer neue Kompromisse, nur um das Toben der sich im Rausch befindlichen Moslems zu beruhigen.

Diese Rechnung geht jedoch nicht auf, weil Gott selbst es ist, der sie um Jerusalems willen in diesen Rausch versetzt hat, denn es heißt: »*Ich* mache Jerusalem für die um Jerusalem liegenden Völker zum Rausch.«

Dieser durch den Jerusalem-Rausch verursachte israelisch-palästinensische Konflikt wird für alle Völker der Erde zu einer Last bzw. zu einem Laststein, den sie wegheben wollen. Der weltweite moslemische Terror will die Völker dazu zwingen, damit sie nicht selbst Opfer des Terrors werden, sich von Israel abzuwenden und sich dem Krieg gegen Israel anzuschließen, damit, wie verheißen, *alle Völker der Erde* gegen Jerusalem ziehen.

Dabei versuchen die Vereinten Nationen den Laststein wegzuheben. Der Laststein, der allen Völkern zur Last wird, ist Israels Anspruch, dass Jerusalem die ewige und ungeteilte Hauptstadt Israels ist. Und um die Araber zu befriedigen, wollen die Vereinten Nationen, als Vertreter *aller Völker der Erde,* die Jerusalem-Verheißung von Israel wegheben und den Palästinensern zuschieben. Dabei aber werden sich die Völker wund reißen, weil Gott dies nicht zulassen wird, hat er doch Israel dieses Land und diese Stadt verheißen.

Die Menschen neigen dazu, der Mehrheit Recht zu geben, nach dem Motto: Was so viele sagen, kann nicht falsch sein! Das wird sich in Zukunft noch deutlicher zeigen, denn wenn *alle* Völker der Erde gegen den *einen* Judenstaat ziehen werden, hat Israel keine Chance des Überlebens. Im Jahr 2003 zählte die Weltbevölkerung 6, 6 Milliarden Menschen. Ihr gegenüber stehen nur 6, 6 Millionen Israelis, d. h., auf einen Israeli kommen 1.000

Nichtisraelis oder anders gesagt, Israel macht nur 0, 1 % der Weltbevölkerung aus. Hier hilft im Kriegsfall weder die Tapferkeit der israelischen Soldaten noch Israels sagenumwobene Atombombe.

Bei Abstimmungen in den Vereinten Nationen stimmen bereits alle Mitgliedsstaaten gegen Israel, mit Ausnahme einiger Mini-Staaten wie Mikronesien und die Marshall-Inseln. Wie lange die USA noch bereit sind, Israel zu unterstützen, ist nur eine Frage der Zeit, denn wirtschaftlich und militärisch sind die USA auf die Araber angewiesen, nicht aber auf Israel. Bereits in dem im Juli 2002 gegründeten Vierergipfel, international als *Quartett* bekannt, der aus den USA, der UNO, der EU und Russland besteht, haben die USA gegen Israel gestimmt. Etliche Staaten, allen voran die Europäer, enthalten sich bei Abstimmungen über Israel ihrer Stimme. Hier aber gilt Gottes Regel: »Wer nicht *für* mich ist, der ist *gegen* mich« (Lukas 11, 23). Für das, was Gott mit den Lauen macht, die weder kalt noch heiß sind, gibt es in der Offenbarung 3, 16 ein drastisches Wort, das in vielen Bibeln mit *ausspeien* viel zu höflich übersetzt wurde, denn in Wahrheit heißt es *auskotzen*. Das heißt: Die Unentschiedenen sind in den Augen Gottes zum Auskotzen – und das sind alle, die sich nicht eindeutig solidarisch für Gottes Volk Israel und für Gottes Erlöser und Messias entscheiden können.

Wer sich für das Volk Israel entscheidet, nicht weil es besser als andere Völker ist, sondern weil Gott von uns fordert, ihm auch in seiner Liebe zu Israel zu folgen, die auch dann nicht aufhörte, als Israel jämmerlich versagte (Hesekiel 36, 16–23), der gehört zu denen, die nicht blind durch diese Zeit gehen, denn »Gott, der Herr, tut nichts, ohne *zuvor* seinen Ratschluss seinen Knechten und Propheten geoffenbart zu haben« (Amos 3, 7).

Als die Israelis 1967 die Jerusalemer Altstadt eroberten, jubelten viele Christen, dass damit Jesu Wort aus Lukas 21, 24 erfüllt sei, dass Jerusalem so lange von den Heiden zertreten wird, bis die Zeiten der Heiden abgelaufen sind. Das war voreilig, denn auf dem Herzstück Jerusalems, dem Tempelplatz, stehen immer noch die beiden Moscheen als Gräuelzeichen der Verwüstung. Kein Gebäude bestimmt so stark das Stadtbild Jerusalems wie die Omar-Moschee mit ihrer goldenen Kuppel. Selbst auf christlichen Postern, Kalendern und Buchtiteln erscheint die Omar-Moschee als Wahrzeichen Jerusalems, nur vergleichbar mit dem Brandenburger Tor von Berlin und der Freiheitsstatue von New York. Die Präsenz der Moscheen auf dem Tempelplatz soll uns daran erinnern, dass Nichtjuden immer noch den jüdischen Tempelplatz *unrein* treten, wie die eigentliche Übersetzung lautet. Das heißt: Die Zeiten der Heiden sind noch nicht abgelaufen. Bis dahin müssen wir den Tempelplatz im Auge behalten.

Hamas-Führer Scheich Jassin, dem die Mehrheit der Palästinenser folgt, erklärte: »Wir werden um Jerusalems willen den großen Weltbrand entfachen, einen Holocaust, der alles Bisherige in den Schatten stellt! *Ein* Märtyrer für Jerusalem wiegt 70 Märtyrer auf, die irgendwo anders in der Welt für Allah in den Tod gehen!«

Oft taucht die Frage auf: Hat Scharons Besuch auf dem Tempelplatz die Al-Aksa-Intifada ausgelöst oder Scheich Jassins Hass auf die Juden? Oder war es Gott, der sich beider bediente, damit zu der von ihm vorgegebenen Zeit der Heilige Krieg ausbrechen kann? Heißt es doch in Sacharja 12, 2: »*Ich* mache Jerusalem zum Taumelbecher« und damit zum Auslöser für den Heiligen Krieg, bei dem alle Völker der Erde gegen Jerusalem ziehen werden. Die Bibel sagt keinen allumfassenden Frieden zwischen Israel und den Arabern voraus, wohl aber einen allumfassenden Krieg gegen Jerusalem, in dem alle Völker der Erde involviert sein werden, denn »die Könige der ganzen Erde« werden sich daran beteiligen (Offenbarung 16, 14).

Nun könnte man meinen, dass dieser Völkerkrieg gegen Israel bzw. Jerusalem schon vor der Tür steht. Nein, so ist es nicht, denn es müssen zuvor noch gewisse Dinge geschehen, die bis dato noch nicht vorhanden sind. In Hesekiel 38 werden die Voraussetzungen dieses Krieges genannt, als da sind:

a. Am Ende der Jahre wirst du (Gog) über ein Land (Israel) kommen, das sich vom Krieg erholt hat.

b. Zu einem Volk, das aus vielen Völkern auf den Bergen Israels, die verödet dalagen, gesammelt worden ist;

c. und daselbst in Sicherheit wohnt und als friedliches Volk ruhig und sorglos lebt.

d. Sie wohnen in Ortschaften ohne Mauern und haben Tore ohne Riegel.

Hier wird ein Zustand beschrieben, der nicht mit Israels heutigem Zustand übereinstimmt, denn Israel hat sich weder vom Krieg erholt und wähnt sich auch nicht in Sicherheit. Wer Israels Städte und jüdische Siedlungen kennt, weiß um die Sicherheitsmaßnahmen, Mauern und Stacheldrahtzäune, elektrischen Verriegelungen und bewaffneten Wächtern in den Straßen, Sicherheitskontrollen auf den Flugplätzen und dass selbst Schulklassen bei Ausflügen von bewaffneten Lehrern bewacht werden.

Weil Israel aber vorher noch in eine sorglose Situation kommen muss, ehe der große Krieg ausbricht, kann man davon ausgehen, dass es zwischen Israel und den Palästinensern zu einem Friedensabkommen kommen wird. Israels Bevölkerung ist in *Tauben* und *Falken* gespalten, in *Linke* und *Rechte,* da braucht man nur an Ehud Barak (*Taube*) zu denken, der 1999 bereit war, um des Friedens willen 97 % des 1967 eroberten Landes an die Palästinenser abzutreten. Hätte Arafat dieses Angebot damals angenommen, gäbe es schon einen Palästinenserstaat. Als daraufhin Ehud Barak abgewählt wurde und Ariel Scharon (*Falke*) an die Macht kam, kam es zur Wende. Das Oslo-Abkommen wurde auf Eis gelegt, das aber jederzeit wieder aufgetaut werden kann.

So könnte in Israel also wieder eine *Tauben*-Regierung ans Ruder kommen, der es gelingt, zwischen Israel und den Palästinensern Frieden zu schaffen, der der Bevölkerung ein Gefühl verschafft, auf alle Sicherheitsmaßnahmen verzichten zu können. Wenn jemand am Verdursten ist, greift er nach jedem Wasser, ohne zu prüfen, ob es gut und sauber ist. Das israelische wie auch das palästinensische Volk ist dermaßen kriegsmüde, dass ihnen jede Friedenslösung recht ist, ganz gleich, ob sie echt oder unecht ist. Die israelischen Männer müssen drei Jahre und die Frauen zwei Jahre Militärdienst leisten. Die

Männer müssen derzeit bis zu ihrem 45. Lebensjahr jedes Jahr wenigstens 35 Tage zum militärischen Reservedienst – das macht militärmüde und friedensdurstig!

Daher gehen wir davon aus, dass ein Friedensabkommen erreicht wird, was dazu führt, dass sich Israel in Sicherheit wähnt. Doch gerade dann – so heißt es in Hesekiel 38,10 – steigen plötzlich böse Gedanken in Gog auf, Gedanken, die er vorher nicht hatte, um das sich in Sicherheit wiegende Volk zu überfallen und Beute zu machen. »Jawohl, zu jener Zeit, wo mein Volk Israel wieder in Sicherheit wohnt, wirst du aufbrechen ... du und viele Völker mit dir, eine große Schar und ein gewaltiges Heer; und du wirst gegen mein Volk Israel heranziehen wie eine Wetterwolke, um das Land zu bedecken. Am Ende der Tage wird es geschehen, dass *ich* dich gegen mein Land zu Felde ziehen lasse, damit die Heidenvölker mich kennen lernen, wenn ich mich vor ihren Augen an dir Gog, als den Heiligen erweise« (Hesekiel 38, 14–16). »Auf den Bergen Israels sollst du fallen, du selbst und alle deine Scharen und die vielen Völker, die bei dir sind ... Aber inmitten meines Volkes Israel will ich meinem heiligen Namen Anerkennung verschaffen und werde meinen heiligen Namen nicht länger entweihen lassen, damit die Heidenvölker erkennen, dass ich der HErr bin, der Heilige in Israel« (Hesekiel 39, 4–7).

Ähnliches lesen wir auch in Sacharja 12, 3–8: »Wenn alle Völker der Erde sich gegen Jerusalem versammeln, werde ich alle Rosse mit Scheuwerden schlagen und ihre Reiter mit Blindheit und Wahnsinn; aber über dem Hause Juda will ich meine Augen offen halten, während ich alle Rosse der Völker mit Blindheit schlage ... An jenem Tage wird der HErr die Bewohner Jerusalems beschirmen.« Nachdem diese Völkerschlacht um Jerusalem durch des HErrn Eingreifen zugunsten Israels ausgegangen ist, »wird der HErr alle Völker vernichten, die gegen Jerusalem zu Felde gezogen sind« (Sacharja 12, 9).

Achtung: Erst nach der Völkerschlacht, dem Heiligen Krieg um Jerusalem, und erst nach dem Gericht über die Völker, gießt der HErr über sein Volk Israel den Geist der Gnade und der Bitte um Gnade aus, so dass sie auf den hinblicken werden, den sie durchbohrt haben. Viele Christen sehnen sich nach dem Tag, an dem das jüdische Volk auf den blickt, den es durchbohrt hat. Sie vergessen aber, dass *vorher* der Heilige Krieg um Jerusalem und das Gericht über die Völker geschehen sein muss.

Sicherlich werden etliche Leser nun meinen, dass ich die vor uns liegenden Ereignisse zu pessimistisch betrachte und vergesse, dass wir seit Christus in der Heilsära der Liebe leben. Schön wäre es! Unsere Gesellschaft ist bereits dermaßen vom Humanismus geblendet, dass sie die Wirklichkeit nicht mehr wahrnimmt. Solange Jesus Brot vermehrte und Kranke heilte, war er der große Menschenfreund, dem das Volk hinterherlief. Als er jedoch auf dem Weg nach Jerusalem vom Leiden sprach, das ihn erwartet, protestierten selbst seine Jünger: »Das widerfahre dir nur nicht!« Jesus aber sagte: »Satan, weiche hinter mich, denn du meinst nicht, was göttlich ist, sondern was menschlich (humanistisch) ist« (Matthäus 16, 23). Jerusalem brachte auch hier die Wende; aus dem Volksliebling wurde der Verfolgte. So, wie es dem König der Juden erging, wird es auch seinem Volk ergehen.

Jesus benutzte als Gegenteil von *göttlich* nicht das Wort *teuflisch,* sondern *humanistisch.* Dabei denke ich an eines der grausamsten Vernichtungslager des Dritten Reiches. Ich denke dabei nicht an Auschwitz, sondern an das KZ Buchenwald in Weimar, der Hochburg des Humanismus, des Schöngeistes und der Toleranz. Das zeigt uns, dass Humanismus auch Maskerade sein kann. Als für Jesus der Leidensabschnitt begann, blieb das Volk weg. Nur noch sehr wenige blieben bei ihm, so dass er auch sie herausforderte: »Wollt ihr auch noch gehen?« (Johannes 7, 67). Genauso ergeht es Israel heute. Die Glanzzeiten sind vorbei. Als die Israelis in Jerusalem einzogen, stimmten die Christen mit ein in den Jubel der Israelis. Als damit aber der diplomatische und geistliche Kampf um Jerusalem begann, begann die Wende. Seither wurde es um Israel immer einsamer und Israelfreundeskreise werden immer kleiner. Das Gegen-den-Strom-Schwimmen wird immer anstrengender. Der Endkampf gegen Israel hat bereits in den international vernetzten Medien begonnen. Wer heute etwas anderes bringt als die allgemeinen Medien, wird als unglaubwürdiger Außenseiter verschrien. Die letzten Kriege haben gezeigt, dass die Schlachten in den Medien entschieden werden.

Auch im religiösen Bereich findet bereits eine Gleichschaltung gegen Israel statt. Das erinnert an die 400 falschen Propheten zur Zeit König Ahabs (1. Könige 22), die einstimmig das weissagten, was der gottlose König hören wollte. Als dann der Prophet Micha auftrat, der im Auftrag Gottes etwas anderes voraussagte, kam es zu einer Rebellion gegen die Wahrheit. 400 zu 1, 400 Theologen forderten Micha heraus. So werden heute die bibelgläubigen Christen aufgefordert, sich der Weltökumene anzupassen. Hier sollte man bedenken, dass bevor der Messias kommt bzw. Christus wiederkommt, ein großer Abfall eintreten wird, in dem der Mensch der Gesetzlosigkeit erscheinen wird, der sich über alles erhöht, was Gott oder anbetungswürdig ist (2. Thessalonicher 2, 3–4). Hier ist von einem Abfall die Rede. Abfallen kann aber nur jemand, der vorher dabei war, sei es als Nachfolger Jesu oder als Freund Israels.

Der Heilige Krieg hat mehrere Ebenen. Als Erstes machen die Medien Stimmung gegen Israel, danach unterminiert die Weltökumene den Glauben, indem sie u. a. Israel die Verheißungen Gottes streitig macht, und wenn diese Vorbereitungsarbeit abgeschlossen ist, treten die Völker militärisch gegen Israel an. Der Heilige Krieg gegen Israel führt zum Untergang der Völker, aber zur Erlösung Israels, denn Gott verheißt wiederholt:

»Ich will das Geschick meines Volkes Israel wenden, dass sie die verwüsteten Städte wieder aufbauen und darin wohnen, dass sie Weinberge anpflanzen und den Wein von ihnen trinken, dass sie Gärten anlegen und deren Früchte genießen. Ich will sie in ihren Boden *fest* einpflanzen, und sie sollen *nie* wieder ausgerissen werden aus ihrem Grund und Boden, den ich ihnen gegeben habe – der HErr, dein Gott, hat es verheißen« (Amos 9, 14–15).

»Wisset wohl: Es kommt die Zeit – so lautet der Ausspruch des HErrn –, da wird man nicht mehr sagen: So wahr der HErr lebt, der die Kinder Israels aus dem Lande Ägypten herausgeführt hat!, sondern: So wahr der HErr lebt, der die zum Hause Israel Gehörigen aus dem Nordlande und aus allen Ländern, wohin ich sie versprengt hatte, heimgebracht hat, damit sie wieder auf ihrem Grund und Boden wohnen« (Jeremia 23, 7—8).

»So hat der HErr gesprochen, der die Sonne zur Leuchte am Tage bestellt hat, die Ordnungen des Mondes und der Sterne zur Erleuchtung der Nacht — HErr der Heerscharen ist sein Name —: Wenn diese festen Ordnungen jemals aufhören zu bestehen, erst dann soll auch die Nachkommenschaft Israels aufhören, ein Volk vor meinen Augen zu sein für alle Zeiten« (Jeremia 31, 35—36).

Jeder, der sich der Wahrheit gegenüber verpflichtet fühlt, ist aufgefordert, sich auf die Seite Israels zu stellen, denn er stellt sich damit auf die Seite Gottes, wohl wissend, dass der Ausgang des Heiligen Krieges gegen Israel bereits festliegt, denn Gott hat die Juden aus allen Ländern heimgebracht und sie wieder in ihren Grund und Boden eingepflanzt, damit sie nie wieder ausgerissen werden — auch nicht durch den Heiligen Krieg.

Dies aller Welt zu verkünden, ist unser Auftrag und Vorrecht, denn »über deine Mauern, Jerusalem, habe ich Wächter bestellt, die den ganzen Tag und die ganze Nacht hindurch keinen Augenblick schweigen sollen« (Jesaja 62, 6) — dazu gehört auch dieses Buch.

SCHEWACH LA'EL
SOLI DEO GLORIA
GOTT ALLEIN DIE EHRE